BELMONTE

BELIII

VIDA E OBRA DE UM DOS MAIORES CARTUNISTAS BRASILEIROS DE TODOS OS TEMPOS

ORGANIZAÇÃO E APRESENTAÇÃO
GONÇALO JUNIOR

TRÊS ESTRELAS

INTRODUÇÃO

AS *FOLHAS* DE BELMONTE

Assim que anoitecia em São Paulo, brilhava na fachada de um dos bares próximos da praça Júlio Mesquita um cartaz com o desenho de um sujeito baixinho, de cabeça grande e careca, vestido de fraque e com óculos redondos de míope. Ao lado do desenho, lia-se, em letras de neon: "Bar Juca Pato". Agitado ponto de encontro de jornalistas, escritores e artistas, o local homenageava um dos personagens mais ilustres da imprensa paulista entre os anos 1920 e 1930.

Não era apenas ali que Juca Pato chamava a atenção: ele parecia onipresente na capital. Além do bar no centro da cidade, sua imagem estampava numerosos produtos, como balas, doces, cigarros, água sanitária, graxa de sapatos, caramelos, lápis e colarinhos de fardas escolares. Até cavalos de corrida tinham sido batizados com seu nome. E desde 1926, nos bailes carnavalescos da capital e do interior, era comum ver foliões – crianças e marmanjos – fantasiados de Juca Pato.

Também nos teatros ele fazia sucesso. Nos primeiros dias de dezembro de 1926, na última representação da revista *Fox-Trot*, no cassino Antárctica, que ficava na esquina das ruas Amador Bueno com Américo Brasiliense, no bairro de Santo Amaro, a atriz Lina Demoel interpretou uma canção sobre homens calvos e, aproximando-se da plateia, procurou alguns deles entre os espectadores, para fazer pilhérias inocentes. "Quando a encantadora atriz apontou para um careca, este, incontinente, levantou-se e entregou uma caixinha à linda artista. Esta a abriu e tirou de dentro uma estatueta de Juca Pato!", descreveu uma nota não assinada na página de variedades da *Folha da Noite*. "Foi um delírio na plateia quando Lina Demoel, lendo o nome de Juca Pato, apresentou-o ao público. Rompeu uma formidável salva de palmas. Vivas entusiásticos se fizeram ouvir ao pelado paladino das causas populares."

Juca Pato nunca existiu de fato, embora houvesse quem acreditasse que sim. Era um personagem de charges e histórias em quadrinhos que apareceu pela primeira vez em 30 de abril de 1925, no jornal *Folha da Noite*, e que ajudou a fazer de seu autor, Benedito Bastos Barreto, o Belmonte, o mais popular cartunista e ilustrador de São Paulo nas primeiras décadas do século XX. Por meio do inconformado e contestador Juca Pato, Belmonte interpelava presidentes, governadores e prefeitos sobre suas responsabilidades públicas, ridicularizava os interesses políticos mesquinhos, reclamava do desdém com que as autoridades tratavam a população e a cidade, expunha os esforços que o cidadão comum fazia para melhorar de vida, revelava as contradições da modernização apressada de São Paulo, satirizando os novos hábitos de seus contemporâneos.

Encantada com esse anti-herói adorável, a capital que se industrializava fez de Belmonte uma celebridade e de Juca Pato um mito. O personagem divertiu e provocou os paulistas por mais de vinte anos, atravessando, sempre resoluto e irônico, a crise da República Velha, a Revolução de 30 e a censura do Estado Novo. Só saiu de cena com a morte de Belmonte, em 19 de abril de 1947, aos cinquenta anos.

A criatura, porém, não ofuscava o criador. E a história da imprensa de São Paulo na primeira metade do século passado não pode ser escrita sem que se destaque o nome de Belmonte, esse artista tímido, magro, mulato, levemente envergado e de aparência frágil, sempre com a cabeça afundada em um chapéu surrado, porém determinado a fazer do humor uma atividade crítica e jornalística.

Nos 26 anos em que trabalhou como ilustrador, cartunista e cronista do vespertino *Folha da Noite* e do matutino *Folha da Manhã*, entre 1921 e 1947, criou um volume impressionante de desenhos e textos. Em uma estimativa conservadora, sua produção nesse período pode passar de 10 mil trabalhos, entre ilustrações, caricaturas, charges, cartuns e crônicas. Foram mais de 9 mil dias de sua vida dedicados aos dois diários, que, em 1960, seriam fundidos em um só, a *Folha de S.Paulo*. Na maior parte desse tempo, Belmonte fez pelo menos um desenho por dia.

A seu trabalho nas *Folhas*, devem-se acrescentar 32 anos de colaborações nas mais importantes revistas humorísticas, entre 1915 e 1947. E não se podem esquecer as dezenas de livros que ilustrou, alguns com mais de vinte desenhos, sem contar as capas. Graças a ele, também, a imprensa paulista pôde desafiar a hegemonia do humor gráfico carioca, no qual reinavam nomes como J. Carlos, Theo, Mendez e Raul Pederneiras, em importantes revistas como *O Malho*, *Fon-Fon!*, *Revista da Semana* e *Careta*.

A cidade de São Paulo começou a se expandir e se modernizar na década de 1890, quando o ciclo do café atingia o auge. O enriquecimento econômico e as imigrações fizeram a população saltar de 240 mil habitantes, em 1900, para 580 mil, vinte anos depois. A cidade também se civilizava. A elite paulistana frequentava salões de dança e bailes de máscaras, assistia a corridas de automóvel, partidas de futebol, acrobacias aéreas e participava de alegres corsos carnavalescos nas principais avenidas, entre elas a Paulista, pavimentada em 1900. Ponto alto das transformações culturais foi a Semana de Arte Moderna, realizada em fevereiro de 1922. Sete anos depois, a capital ganhou seu primeiro arranha-céu, o edifício Martinelli.

Na década de 1920, São Paulo já se tornara o centro industrial mais importante do país, com significativa classe média e numerosa classe operária. Era principalmente a esse público que se dirigia a popular *Folha da Noite*, ao expressar desde o início os problemas que o afligiam, como os serviços públicos precários e caros, a burocracia das repartições públicas, o descaso das autoridades e os desconsertos causados pela instável democracia do país.

UM MENINO BEM-COMPORTADO

Belmonte nasceu em uma ruela do Brás, bairro da zona leste de São Paulo, na manhã de 15 de maio de 1896. A mãe, Rita Maria do Espírito Santo Barreto, tinha 47 anos quando deu à luz. O pai, o médico homeopata português João Caneros de Bastos Barreto, passava dos 60. Porque haviam pensado que o menino morreria logo, por causa da saúde frágil, só uma semana depois ele recebeu o nome de Benedito Bastos Barreto, que renderia os apelidos Dito e Didito entre os familiares, os colegas de escola e, mais tarde, os amigos mais íntimos.

O pai de Belmonte morreu quando o menino tinha dois anos. Como a família possuía algumas propriedades nos bairros do Brás, da Bela Vista e da Consolação, além de certa soma de dinheiro em bancos, a mãe conseguiu dar ao garoto uma infância confortável. Seus primeiros anos foram "descuidados e felizes", como ele contou em uma entrevista, autodefinindo-se como "essa coisa insípida e antipática que se chama 'um menino bem-comportado'". À medida que crescia, ia se tornando

Belmonte aos seis anos, em 1902. Quando nasceu, sua mãe tinha 47 anos e o pai passava dos 60.

mais e mais melancólico. Quase não dava importância a brinquedos ou diversões com os colegas da vizinhança. Gostava de frequentar a igreja na companhia da mãe e, se o deixassem, ficaria lá o dia todo, afirmava. Para dona Rita Maria, mulher muito devota, esse precoce sentimento religioso do filho era uma grande alegria. Entretanto, não eram os fervorosos sermões do padre que atraíam Belmonte à casa de Deus. Enquanto a mãe assistia com atenção a missas e novenas, ele ficava mirando as "pinturas ingênuas do templo, os entalhos rebuscados, as esculturas policrômicas", recordou em depoimento à revista *Vamos Ler!*, em 1941.

Na infância, Luzia, sua irmã 25 anos mais velha, filha do primeiro casamento da mãe, o presenteou com um quadro-negro, como os usados em salas de aula. Quando não estava na escola, Dito desenhava e apagava com giz de várias cores, por horas a fio. Até que se cansou e trocou a lousa pelo prazer de riscar as paredes de sua casa com carvão – o que faz dele um quase precursor do grafite. O hábito se estendeu aos muros da vizinhança. "A lembrança mais remota (e nítida) que tenho é a de uma cozinheira da casa de meus pais, na rua da Consolação, a estrilar comigo pela tremenda devastação que eu fazia na cozinha, sempre arrebatando, às escondidas, pedaços de carvão para ir rabiscar muros e calçadas." Certa manhã, o leiteiro da rua, um português obeso, de largos bigodes, surpreendeu o menino desenhando-o na calçada. O homem não gostou da brincadeira e, quando tentou agarrar Dito para lhe dar umas palmadas, o garoto saiu em disparada. Aquela teria sido sua primeira "caricatura", e o nervosismo do português, a primeira reação violenta contra o "caricaturista".

Belmonte fez o curso primário na Escola-Modelo Caetano de Campos, na praça da República, de 1903 a 1907. Depois, estudou no Ginásio Macedo Soares e no Instituto de Ciências e Letras, ambos no bairro da Liberdade. Nesse período, dedicou-se com afinco ao desenho, riscando "desordenadamente os cadernos e livros que estivessem ao alcance da ponta nervosa do lápis". Dedicava-se, aliás, mais ao desenho que às aulas. Sua mãe, alertada pela direção do ginásio, tentava dissuadi-lo daquela mania de desenhar – em vão. Ele desconversava, dizia que era apenas diversão e que ela não deveria se preocupar. Como prometera, estudaria medicina, seguindo a profissão do pai.

Filha de negros, a mãe de Belmonte se preocupava desde cedo em fazer com que o filho mulato se interessasse por uma profissão capaz de conferir-lhe *status* social. Também cuidava para que o rapaz tivesse uma aparência muito respeitável. Ele "vestia-se como um almofadinha, com seus ternos largos, de corte impecável, polainas claras, uma luva calçada e outra segura elegantemente pelos dedos enluvados, e já usava

Belmonte no começo da década de 1940. Ele morreu em 1947, vítima de tuberculose.

o famoso chapéu enterrado na cabeça", descreveu o colega e biógrafo Nelson Vainer, jornalista com quem trabalhou por mais de uma década na *Folha da Noite*.

Belmonte passou a infância e a adolescência na casa que a família possuía na rua da Consolação, não tão distante da praça do Patriarca, tradicional ponto de concentração dos bondes da cidade. E foi ali e na rua Direita que, já moço, ele passou a encontrar os amigos para conversas acaloradas sobre política e literatura que varavam a madrugada. Quem teve contato com o jovem Belmonte não se esqueceu de que, por mais animadas que as conversas fossem, e embora parecesse um ouvinte atento, demonstrando interesse nas ideias discutidas, ele se mantinha quase em silêncio. Enquanto ouvia, aproveitava para exercitar seu talento de desenhista diante dos colegas. Tinha sempre consigo folhas de papel em branco, que preenchia com belas figuras femininas ou caricaturas dos políticos da época. Quando ia embora, abandonava os esboços sobre as mesas dos bares e restaurantes.

Na juventude, Belmonte desenvolveu os traços físicos que marcariam sua aparência adulta. Tornou-se alto, demasiadamente magro, com o andar encurvado e um ar sempre triste no rosto. Ao lhe perguntarem, quando já era famoso, por que muitos humoristas eram tristes, Belmonte respondeu: "Creio que são tristes pela mesma razão por que as caveiras são alegres! São as ironias paradoxais da vida e da morte".

Um de seus primeiros grandes amigos foi Paulo Duarte (1899-1984), que depois ficaria conhecido pelo trabalho como editor do jornal *O Estado de S. Paulo*, professor da Universidade de São Paulo e memorialista. Eles se conheceram adolescentes, em 1913, na Liberdade. "Dois ou três anos mais velho do que eu, Belmonte estudava no [Instituto de] Ciências e Letras e já fazia uns rabiscos nas paredes caiadas da rua dos Estudantes", lembrou Duarte na apresentação de um catálogo em homenagem ao chargista, lançado em 1976. Para ele, Belmonte era uma pessoa triste e lacônica. "Eram traços que não o largaram durante toda a vida", ressaltou. Mas Duarte não se esqueceria da felicidade que tomou conta do ilustrador quando saiu pela primeira vez um "boneco" de sua autoria, na edição de 15 de maio de 1914 da revista *Rio Branco*, descrita como um "órgão literário humorístico, social e noticioso". Empolgado com a publicação do desenho, Belmonte ficou cada vez mais atento às oportunidades que poderiam surgir.

Embora fosse fã do cartunista carioca J. Carlos (1884-1950), que muitos consideram o maior artista gráfico do país do século XX, as primeiras influências de Belmonte vieram do desenhista francês Chéri Hérouard (1881-1961), estrela da revista *La Vie Parisienne* [A vida parisiense], que podia ser encontrada com certa facilidade em São Paulo e cujas ilustrações eram reproduzidas em publicações brasileiras. Segundo Belmonte, só no decorrer dos anos 1920 J. Carlos passou a ser uma referência para seus trabalhos. "Jota era a coqueluche de todos nós, que começávamos a desenhar, assim como Álvaro Moreyra, com o grupo de Raul Pederneiras, Gonzaga Duque e Lima Campos, exercia grande influência em nosso espírito, nas colunas da *Fon-Fon!*."

Em agosto de 1914, Álvaro Cintra fundou a revista *Alvorada*, cujo número de estreia trazia quase exclusivamente os versos do poeta e advogado Joinville Seabra Barcelos e os desenhos de "Barreto", pseudônimo que Belmonte adotou em seus primeiros trabalhos. "Comecei desenhando e escrevendo em revistas que nós, alguns rapazolas idealistas, fundávamos e publicávamos de vez em quando. Como a *Alvorada*, onde ensaiávamos a nossa arte muito precária", afirmou Belmonte. "Foi na *Alvorada*, e graças a Belmonte, que publiquei o meu primeiro escrito.

Era uma descompostura na Alemanha, ilustrada por ele", contou Paulo Duarte.

Um dia, Belmonte enviou uma caricatura do político Altino Arantes à revista humorística *O Queixoso*. O chefe de redação gostou e mandou chamá-lo. Começou assim sua colaboração na revista e em outras duas publicações da editora, *O Pirralho* e *Novíssima*. Fundada pelo escritor Oswald de Andrade em 1911, *O Pirralho* tornou-se em seu tempo a grande publicação satírica de São Paulo e contava, entre seus destaques, com o ilustrador João Paulo Lemmo Lemmi (1884-1926), o célebre Voltolino. Embora a capital paulista não tivesse tradição em humor gráfico, havia interesse em mudar esse cenário. A modernização da cidade criava um clima propício ao aparecimento de novas e arrojadas revistas, como *Vida Moderna* (1907), importante pela qualidade gráfica e editorial, a humorística *O Pimpão* (1910) e *A Cigarra* (1914), publicação de cultura e colunismo social que marcou época.

Para Belmonte, o primeiro emprego de verdade foi na *Kosmos*, revista editada entre 1920 e 1929 por um mineiro conhecido apenas por Zacarias. Era empresário, dono de uma pequena fábrica onde produzia um molho de cozinha chamado Tio Sam, inventado por ele e consumido por um bom número de restaurantes, cafés, pensões e hotéis em São Paulo. Culto e apaixonado por literatura, Zacarias decidiu criar a própria revista, incentivado por Belmonte, que o convenceu a convidar o amigo Paulo Duarte a compor o grupo que cuidaria da publicação. "Seríamos três naquela revista, inicialmente [em uma sala] à rua [hoje avenida] da Liberdade, depois na avenida São João, entre o largo do Paissandu e a avenida Ipiranga: Belmonte, Venâncio Machado e eu. Sem contar um ou dois companheiros menos assíduos, como Edgard Braga e o velho Zacarias, ocupadíssimo sempre na colocação do seu Tio Sam", lembrou-se Paulo Duarte.

Não era tão fácil fazer a *Kosmos*, por causa da precariedade financeira e da estrutura física. Sem data certa de publicação, circulava apenas depois que Zacarias conseguia vender um bom lote de molho. Tanto assim que, certa feita, como a procura do produto ia bem, a revista teve três edições com circulação semanal. Paulo Duarte guardaria um comentário feito por Zacarias à época: "Só em clichês [pesadas chapas metálicas para impressão], este número me custou uns dez vidros de Tio Sam!". O empresário, no entanto, sentia orgulho do que estava fazendo. E o pequeno grupo também. Tinha a convicção de que a *Kosmos* chegaria "a abalar o mundo", como escreveu Paulo Duarte. A experiência, porém, durou só um ano, pois a fábrica de molho faliu.

Em 1920, Belmonte conseguiu um emprego na *Vida Moderna* e começou a colaborar com a carioca *D. Quixote*, editada pelo jornalista Manuel Bastos Tigre. O jovem ilustrador ficou responsável pela seção "D. Quixote em São Paulo", com notícias sobre a vida literária na cidade, além de contribuir com cartuns e caricaturas. Tudo fácil e prazeroso para ele, desde que não lhe pedissem para deixar São Paulo, pela qual tinha enorme apego, segundo Paulo Duarte. O artista nunca conseguiu passar mais de um dia fora de sua terra natal. Gostava de contar que, certa vez, tinha ido passear em Santos, mas voltou no trem seguinte, com saudade da capital.

Em janeiro de 1921, o diretor de arte da revista *Careta*, Oswaldo Storni, convidou Belmonte a substituir ninguém menos que J. Carlos naquela que era a mais importante publicação de humor político do país. Belmonte resolveu ir ao Rio conversar com Jorge Schmidt, fundador e diretor da *Careta*, que já havia reservado para o paulista um quarto de hotel por uma semana, para que pudesse ambientar-se à cidade. "Fazia um calor medonho", contou mais tarde o cartunista. No dia seguinte, à hora do almoço, quando

Schmidt foi procurar Belmonte no hotel, ele já estava de volta a São Paulo. Embarcara na véspera, no trem noturno.

O artista não teve tempo para lamentar a decisão, pois não demorou a conseguir um emprego que mudaria o rumo de sua vida e o de um pequeno jornal lançado pelos jornalistas Pedro Cunha, Olívio Olavo de Olival Costa, Antonio dos Santos Figueiredo, Mariano Costa e Ricardo de Figueiredo. Era a *Folha da Noite*, cuja primeira edição circulou no começo da tarde de um sábado, 19 de fevereiro de 1921.

UMA VIDA NAS *FOLHAS*

O novo diário tinha sido criado por jornalistas de *O Estado de S. Paulo* que, decepcionados com a extinção do *Estadinho*, edição extra que circulara à tarde durante a Primeira Guerra Mundial (1914-8), resolveram fundar uma publicação vespertina similar. O primeiro cartunista convidado a compor a equipe foi Voltolino, que também fez vinhetas do novo jornal e anúncios. Mas o redator-chefe, Olival Costa, irritou-se com a falta de assiduidade de Voltolino, que levava semanas para produzir suas ilustrações, e decidiu contratar outro. Foi Paulo Duarte quem indicou um substituto: "Eu conheço o Barreto". No dia seguinte, Belmonte, acompanhado de Duarte, dirigiu-se à Redação da *Folha da Noite*.

Amador Florence, testemunha daquele encontro, observou a Nelson Vainer, para um perfil de Belmonte publicado em 1957 na *Folha da Noite*, que o cartunista era "duma timidez que enervava" e parecia receoso de receber um solene "não". Segundo ele, Belmonte "entrou na estreita salinha" onde editavam o jornal e foi apresentado a Olival por Duarte. Em uma pasta que mais parecia um caderno, "o desenhista trazia uns 'bonecos' para a sua prova de fogo. Mostrou-os timidamente a Olival, sendo, no momento, incapaz de esconder sua brutal emoção, bem como o receio e a quase certeza de se ver reprovado".

Como narrou Florence, Olival "era dono de alma grandiosa, boníssimo, verdadeiro animador dos que se iniciavam, mas não deixava entrever essas qualidades à primeira vista". E assustou Belmonte, com críticas duras à qualidade de seu trabalho. "Agia assim, e era um tipo fechado por convencionalismo, por capacidade de direção e também pelo prazer de ver o suplicante considerar-se derrotado para depois, logo em seguida, vir ele próprio animar o desencorajado."

Apesar disso, o cartunista deixou seus "bonecos" sobre a mesa do redator-chefe. "É possível que Belmonte supusesse que eles ali ficariam por uma questão de simples delicadeza, mas que o seu destino estava escrito: a 'vala comum' das redações dos jornais – a cesta de lixo." Qual não foi seu contentamento ao folhear o jornal no dia seguinte, 21 de setembro de 1921, e deparar com sua primeira colaboração na *Folha da Noite*: a reprodução de uma charge política que saíra uma semana antes na *D. Quixote*, com o personagem Zé Paulista, que criara para a revista. "Estava lançado, nitidamente lançado, o principiante que dentro de pouco tempo viria a ser o maior lápis do Brasil, ambicionado por toda a imprensa nacional e por numerosos periódicos estrangeiros", anotou Florence.

Não era a primeira vez que o nome de Belmonte aparecia na *Folha da Noite*. Curiosamente, antes mesmo de sua estreia como ilustrador, um anúncio na página 2, em 27 de agosto de 1921, comunicava seu novo endereço: "O caricaturista Belmonte está residindo à rua Major Diogo, 151". A primeira charge feita exclusivamente para o novo diário saiu em 1º de outubro. Trazia uma crítica à Light, evocando as numerosas reclamações que a companhia de bondes e luz elétrica recebia pelas deficiências nos serviços. O segundo desenho exclusivo, publicado seis dias depois,

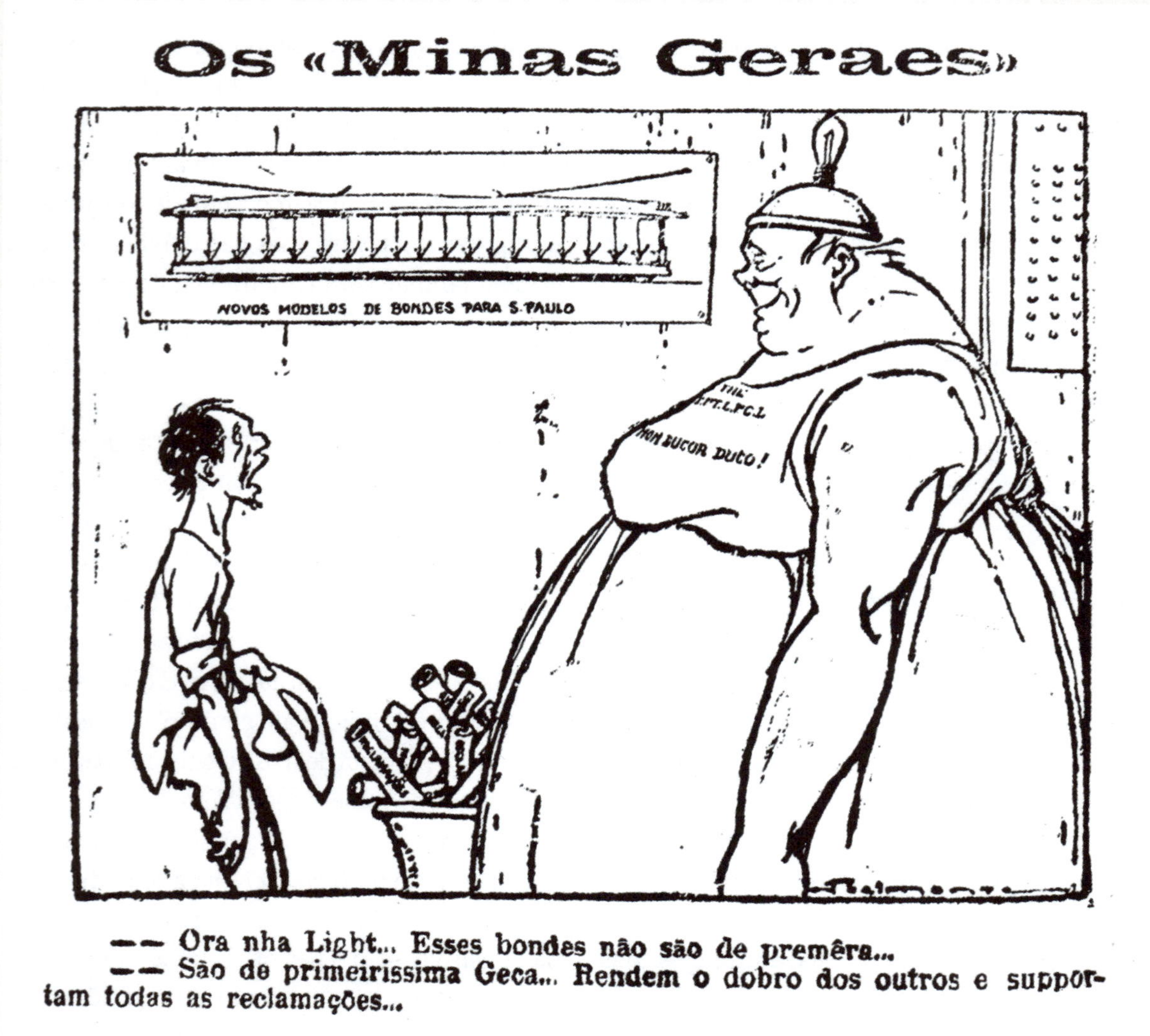

Primeira charge feita por Belmonte especialmente para a *Folha da Noite*, publicada em 1º de outubro de 1921, com críticas à companhia de bondes e eletricidade Light.

era de uma contundência e ousadia impressionantes. Com o título "A toxicomania", retratava o Senado (um ancião) e a Câmara dos Deputados (uma senhora obesa) consumindo a droga "Vadiação". Aquele a injetava na veia e esta a cheirava como cocaína. Na legenda, lia-se: "Dois viciados que a polícia precisa perseguir".

Quando começou no jornal, Belmonte tinha 25 anos. Nos primeiros meses de trabalho, suas ilustrações apareciam uma vez por semana, sempre às sextas-feiras. No decorrer de 1922, Belmonte já se consolidara como ilustrador influente na *Folha da Noite*, a ponto de, em 7 de setembro daquele ano, a capa do diário trazer apenas um desenho feito por ele, com a imagem de um índio e da bandeira do Brasil, em homenagem ao centenário da Independência do país.

Os compromissos com o jornal não atrapalharam a continuidade de suas colaborações em diversas revistas, como a quinzenal *A Flamma*, de Santos, que publicou seus trabalhos em seguidas edições. Em abril de 1922, foi relançada em São Paulo *A Cigarra*, chamada de "a revista dos novos e modernistas", cuja edição de estreia saiu com capa e cartuns de Belmonte, além de inúmeras fotografias.

"A revista que vale mais que 600 réis", dizia uma chamada sobre *A Cigarra*, então editada por Gerlásio Pimenta. Com numerosas fotografias e voltada principalmente para o público feminino, a publicação trazia notícias sobre as transformações comportamentais e urbanas da época, as novidades da moda e a vida social na cidade e no estado. Também dedicava expressivo espaço à literatura, com contos, poemas e artigos de colaboradores como os escritores Guilherme de Almeida, Ribeiro Couto, Afonso Frederico Schmidt e Galeão Coutinho.

Com o decorrer dos meses, o ilustrador passou a chamar cada vez mais a atenção nas páginas da revista, como ressaltou uma nota na *Folha da Noite*, de 29 de janeiro de 1923, sobre "as estupendas charges de Belmonte, que subscreve uma linda capa" naquela edição.

Em junho de 1923, foi lançado no Rio o primeiro número da *Frou-Frou*, uma das mais sofisticadas publicações da história da imprensa brasileira, impressa em três cores e excelente papel. Todos os desenhos e caricaturas das primeiras edições foram feitos por Belmonte. E não foi

A TOXICOMANIA

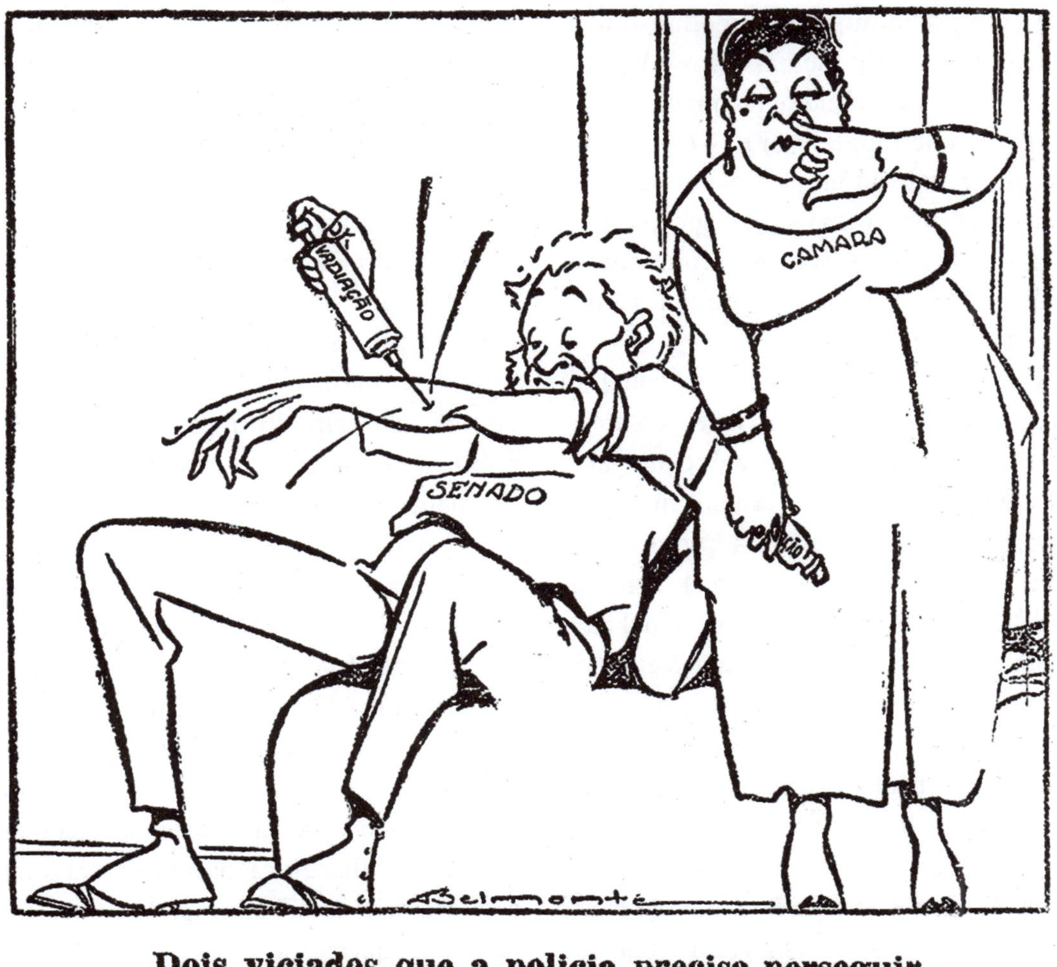

Dois viciados que a policia precisa perseguir.

A segunda charge de Belmonte para a *Folha da Noite*, publicada em 7 de outubro de 1921, já traz o estilo corajoso e contundente de seu humor ao lidar com temas políticos e sociais.

diferente nos mais de quarenta números lançados até o final da década. Hoje praticamente esquecida pelos historiadores da imprensa, a *Frou-Frou* foi fundamental para tornar o cartunista paulistano respeitado e reverenciado em todo o país. Não deixava de ser interessante o fato de uma revista editada no Rio de Janeiro, celeiro de grandes nomes do humor gráfico nacional, ter um humorista de São Paulo como seu maior destaque.

Antes de ser contratado pela *Folha da Noite*, o desenhista assinava como Barreto. O que o teria levado a mudar a assinatura para Belmonte? Em várias entrevistas, ele contou que, após ingressar no jornal, muitas revistas passaram a pedir sua colaboração. Para atender a elas, foi atrás de um pseudônimo que melhor o identificasse. Um dia, caiu-lhe nas mãos o livro de um escritor espanhol que se chamava Marcos Rafael Blanco Belmonte (1871-1936). Ele gostou da sonoridade do nome e o adotou como seu. A nova assinatura mais tarde tornou-se ela própria um pequeno e marcante ícone, com as letras "e", "m" e "n" construídas apenas como uma sequência de traços.

Ainda em 1923, Belmonte casou-se com Dalila, comprou uma casa e levou a mãe para morar com eles. Os primeiros anos de vida conjugal foram bastante difíceis, apesar da ajuda financeira da sogra, que era dona de algumas propriedades. Belmonte, porém, queria ele mesmo manter sua família. "O dinheiro que ele ganhava mal dava para comer", contou Dalila a Nelson Vainer. Se por acaso sobrassem dois mil-réis, o casal ia ao cinema, uma das paixões de Belmonte. E ia a pé, porque não tinha o suficiente para pagar, no mesmo dia, o bonde e as entradas para o cinema. Para ajudar, Dalila começou a dar aulas na escola de corte e costura Bordados do Norte e, em pouco tempo, passou a ganhar mais do que o marido.

No jornal, Belmonte criou fama entre os colegas por causa de sua rapidez e criatividade. Apesar de ter o costume de chegar tarde à Redação, levava apenas cerca de uma hora para realizar o trabalho do dia. "Ele, então, enfiava o chapéu na cabeça, enterrando-o até as orelhas, empertigava-se dentro de seu colarinho engomado, abotoava o paletó cintado, acendia um cigarro e se retirava", descreveu Vainer.

JUCA PATO, O *ALTER EGO*

À medida que a circulação do jornal crescia, o prestígio de Belmonte aumentava. Sua carreira ganhou um empurrão extra quando, em 1º de julho de 1925, a mesma empresa que editava a *Folha da Noite* lançou a *Folha da Manhã*, que trouxe na capa de sua edição de estreia um pequeno desenho do personagem Juca Pato e um cartum de um quarto de página do ilustrador, em que meninas representando os dois jornais incomodavam com uma corneta e um tambor o sossego dos "senhores" Telefônica, Light, Câmara Municipal, Senado e Açambarcador, que gritavam: "Agora o barulho é pela manhã também?!!". No primeiro mês, o novo matutino publicou uma charge inédita de Belmonte praticamente todos os dias.

O personagem Juca Pato, espécie de *alter ego* de Belmonte, havia sido criado poucos meses antes, em abril, para a *Folha da Noite*. Em pouco tempo, ele se tornaria um *hit* na cidade e uma espécie de mascote das *Folhas*. O "Pato" do nome era uma ironia, pois se tratava de gíria muito usada em todas as classes para caracterizar alguém como idiota ou bobo, propenso a ser enganado por algum espertalhão. Juca, porém, estava longe de ser um sujeito tolo. Mais esperto do que aparentava, esse típico cidadão que honrava seus compromissos, principalmente pagando impostos, não tinha nada de "pato": questionava tudo o que havia de errado, irracional ou safado na atitude das autoridades e na de seus contemporâneos.

Enquanto se consolidava como cartunista dos jornais, Belmonte lançou, em 1926, seu primeiro álbum, *O amor através dos séculos*, com cartuns coloridos feitos para a revista *Frou-Frou*. Publicado em cores e papel cuchê, com 44 páginas, o livro era graficamente muito sofisticado para a época. Em seis capítulos, com uma série de desenhos satíricos, Belmonte narra como homem e mulher se relacionaram desde a Pré-História até o começo do século XX. A primeira edição, de 3 mil exemplares, teve prefácio do jornalista Plínio Salgado – que, na década seguinte, fundaria o Movimento Integralista – e uma introdução "filosófica e humorística" do próprio autor. *O amor através dos séculos* foi um de seus melhores trabalhos na década de 1920, com desenhos refinados e sensuais, nos quais se evidenciava o zelo com que reproduziu o figurino dos personagens, principalmente das mulheres, em várias épocas. A partir daí, graciosos tipos femininos marcariam sua criação.

Autorretrato do ilustrador, publicado na *Folha da Noite* em 14 de maio de 1923, um dia antes de ele completar 27 anos.

Como ilustrador onipresente nas *Folhas*, Belmonte chamou a atenção de John Elms, chefe do escritório de São Paulo da companhia de cinema norte-americana Metro Goldwyn Mayer, e foi convidado, em 1926, a trabalhar com desenhos animados nos Estados Unidos.

Ele declinou do convite, alegando que não conseguiria viver longe de São Paulo, mas aceitou outra proposta: ser chefe do departamento de publicidade da Metro na capital paulista. "Eu ia aceitar [o convite de John Elms], mas lembrei-me de que fora incapaz de passar uma semana no Rio e tremi à perspectiva de ficar três anos nos Estados Unidos, onde, além do mais, não conseguiria um noturno da Central para dar o fora e regressar a São Paulo", disse ele à *Vamos Ler!*, em 1941.

Sua produção nos últimos anos da década de 1920 impressiona. Nos dois jornais, além dos numerosos cartuns e ilustrações, costumava publicar artigos e crônicas. O poeta Francisco Pati, que trabalhou na *Folha da Noite*, observou que "o dom da oportunidade foi um dos grandes elementos com que Deus compôs o gênio" de Belmonte. Seus desenhos completavam sempre uma ideia, um pensamento, uma pilhéria que andasse no ar e "feriam o tal ponto nevrálgico das questões", segundo Pati. "Com o desenho à mão, cada um de nós chegava perto de Belmonte, rindo ou comentando a alegoria." Paulo Duarte contou que o ilustrador ria com todos, mas o louvor excessivo a seu trabalho, não obstante, desagradava-lhe: "Ele tinha certeza do próprio valor e isso lhe bastava".

Coube a Belmonte ser um dos primeiros artistas a dar traço aos personagens infantis criados por Monteiro Lobato: Dona Benta, Pedrinho, Tia Nastácia, Visconde de Sabugosa, Emília, Narizinho e tantos outros. Entre 1929 e 1937, ele ilustrou cinco livros do escritor para crianças.

O contato com Lobato incentivou Belmonte a criar os próprios personagens infantis, que apareceram na *Folha da Manhã* e no suplemento "A Gazetinha", do jornal *A Gazeta*. Fez sucesso com as histórias em quadrinhos da dupla Bastinho e Bastião, um branco, outro negro, amigos inseparáveis, que, com a ajuda da magia de um saci, partem para conhecer o mundo em educativas aventuras, na série chamada "As viagens fantásticas de dois garotos".

Sempre de forma sutil, o cartunista criticava o racismo: apresentava personagens negros trabalhando como carregadores ou empregados domésticos, quase sempre malvestidos, em situação visivelmente inferior à dos brancos. Mais tarde, em 1932, ele criaria, também para *A Gazeta*, a dupla Albina e Paulino, que ajudaria a propagar entre as crianças os ideais dos revolucionários paulistas.

Lobato não foi o único escritor a quem Belmonte emprestou sua pena de desenhista. No final dos anos 1920, ele passou a cuidar da capa e das ilustrações do miolo de várias obras, como *Versos de Trilussa*, do poeta italiano Carlo Alberto Salustri, com tradução de Paulo Duarte, em edição de *O Estado de S. Paulo*.

Na década seguinte, ilustrou uma edição brasileira de *O primo Basílio*, de Eça de Queirós, e o livro *Povos e trajes da América Latina*, do antropólogo brasileiro Egon Schaden, entre outros. Também fez a capa de algumas obras do escritor e historiador Viriato Correia, como *A bandeira das esmeraldas* e *História do Brasil para crianças*. Em 1939, ele mesmo escreveu e ilustrou *A cidade de ouro*, volume para crianças publicado pela Companhia Editora Nacional.

No final dos anos 1920, Belmonte começou a também ilustrar capas de livros, como a deste volume de 1928 com versos do poeta italiano Trilussa [Carlo Alberto Salustri], traduzidos por Paulo Duarte, amigo do cartunista.

O HISTORIADOR DE SÃO PAULO

Belmonte se tornou, a partir de 1930, cada vez mais onipresente na vida cultural paulistana, graças à multiplicidade de seus talentos. Além de chargista e caricaturista, destacava-se como retratista, pintor, escritor e jornalista. A Revolução Constitucionalista de 1932 veio despertar nele outra faceta, a de historiador, de pesquisador obcecado pelo passado de São Paulo, no encalço de personagens e fatos que confirmassem o pioneirismo e a importância dos paulistas na história brasileira. Sempre encontrava tempo para correr atrás de informações e documentos a serem utilizados em livros que o transformariam em destacado estudioso do bandeirantismo.

Essas pesquisas resultaram em um clássico da memória paulista, *No tempo dos bandeirantes*, que ele escreveu e também ilustrou, com gravuras de bico de pena construídas após rigoroso levantamento iconográfico de vestimentas, hábitos e até armas. Publicado em 1939, foi acolhido com elogios pela crítica e por historiadores, do Rio Grande do Sul ao Rio Grande do Norte. Em Porto Alegre, o historiador Walter Spalding publicou um ensaio no qual afirmou que o livro era, talvez, "a maior obra até hoje escrita sobre o empolgante assunto [bandeirantismo]". O historiador e folclorista Luís da Câmara Cascudo escreveu no jornal *A República*, de Natal: "Belmonte faz história, desenho e jornalismo. Essa colocação é arbitrária e qualquer outra será igualmente. É um desenhista aristocrático, com um traço elegantíssimo, claro e lindo, com uma ciência de vida e de movimento surpreendente. Sua curiosidade múltipla levou-o a estudar várias teses. Daí ser capaz de ressuscitar uma época sem anacronismos, fazendo seus bonecos vestir, andar e olhar em ambientes rigorosamente fiéis e legítimos".

Na década de 1930, Belmonte se revelou um competente pesquisador da história colonial de São Paulo. Um de seus principais trabalhos sobre o tema foi *No tempo dos bandeirantes*, lançado em 1939. Ao lado, capa da 4ª edição.

Em São Paulo, naturalmente, o entusiasmo foi ainda maior. Os historiadores, longe de o censurarem por ter invadido seus domínios, orgulhavam-se de tê-lo como membro do Instituto Histórico e Geográfico de São Paulo, que lhe abrira as portas em 1937, antes mesmo da publicação do livro. *No tempo dos bandeirantes* colocou o cartunista ao lado de historiadores consagrados do estado, como Affonso Taunay, Alcântara Machado, Washington Luís, Alfredo Elis e Paulo Setúbal.

Na atividade jornalística, todavia, os anos 1930 não se mostrariam tão sorridentes para Belmonte. Depois da Revolução Constitucionalista de 1932, ele foi, por certo tempo, proibido de retratar Getúlio Vargas em suas charges, que se tornavam cada vez mais políticas. Com o Estado Novo (1937-45), a censura voltou a persegui-lo. Belmonte, então, dirigiu a mira de sua metralhadora para a crise internacional que culminaria na Segunda Guerra Mundial (1939-45) e para seus principais protagonistas: Adolf Hitler, Benito Mussolini, Winston Churchill e Josef Stálin. Na pena militante e crítica de Belmonte, nunca uma guerra pareceu tão estúpida.

Incansável, o ilustrador realizou uma série de trabalhos para órgãos públicos, ao mesmo tempo que atuava nas *Folhas*. Em 1942, foi convidado pelo professor Cândido Motta Filho, secretário de Educação, para chefiar a Assistência Técnica de Festejos Populares da Cidade de São Paulo. Teve um papel importante ao restaurar e restabelecer na capital as tradicionais festas populares, como as congadas e os reisados, sobre as quais escreveu uma monografia. Fez também um roteiro turístico de São Vicente, no litoral paulista, uma das primeiras cidades fundadas nas Américas (em 1532), e uma série de folhetos biográficos para o Departamento Estadual de

Informações de São Paulo (DEIP) sobre personalidades da cultura brasileira, como Castro Alves, Euclides da Cunha e Vicente de Carvalho.

HITLER, UMA OBSESSÃO

Em 1940, Belmonte se tornou membro do Instituto Heráldico-Genealógico, da Sociedade dos Escritores Brasileiros, da Associação Paulista de Imprensa e da Associação de Belas-Artes. Esse foi também seu período mais produtivo nos jornais. Na *Folha da Manhã*, fazia as ilustrações do suplemento especial de domingo. De segunda a sexta, na *Folha da Noite*, marcava a diferença em relação aos demais diários paulistanos com sua cobertura demolidora da Segunda Guerra, em charges de meia página que frequentemente saíam na capa do jornal.

O artista nunca contou como conseguia que seus desenhos corressem o mundo, o que não acontecia com os grandes nomes do cartum carioca. Soube-se depois, porém, que foi graças ao jornalista Manoel Carlos de Alcântara Carreira (1876-1928), correspondente das *Folhas* em Portugal, que suas charges da década de 1920 foram publicadas na revista portuguesa *ABC* e na francesa *Rire*. Também teve seu trabalho destacado nas revistas satíricas *Kladderadatsch*, de Berlim, e *Judge*, de Nova York. O grande caricaturista argentino Ramón Columba (1891-1956) o apresentou aos leitores de seu país em uma página inteira de *Caras y Caretas*, importante semanário de Buenos Aires, com o qual Belmonte colaborou durante muito tempo.

A Segunda Guerra Mundial fez com que a fama do ilustrador ultrapassasse as fronteiras brasileiras. Ao transformar Hitler em uma obsessão, um vilão a ser derrotado, ao apontar a irracionalidade da guerra e satirizar os impasses da política mundial, seus cartuns alcançaram importantes revistas e jornais da Inglaterra, da França e de outros países. E foi na época do conflito que teria ocorrido a mais notória repercussão de seu trabalho no exterior: os ataques, em janeiro de 1943, da rádio DNB, de Berlim, um dos instrumentos do Ministério da Propaganda nazista, comandado por Joseph Goebbels. A emissora teria despejado sobre o chargista "vários desaforos", dizendo que ele merecia o repúdio do povo alemão por criticar Hitler em troca de dinheiro inglês e norte-americano. A transmissão nunca foi comprovada e sua autenticidade chegou a ser questionada à época. Belmonte, entretanto, escreveu uma carta aberta a Goebbels, publicada na *Folha da Noite* em 11 de fevereiro, e passou o resto da vida afirmando a veracidade da história.

No Brasil, sua fama como ilustrador continuava a crescer com as constantes colaborações que fazia para as mais importantes publicações. Em *Vamos Ler!*, mítico semanário de literatura que circulou entre 1936 e 1949 e revelou Clarice Lispector em 1941, ele publicou dezenas de retratos de uma página cada um na seção "Personagens da Literatura Brasileira" e ilustrou várias vezes a seção "Sésamo", do jornalista Nelson Vainer, seu amigo e futuro biógrafo. No jornal carioca *A Noite*, fez capas e ilustrações para o suplemento em retrogravura "A Noite Ilustrada".

Um exemplo do prestígio alcançado por Belmonte foi a homenagem que lhe prestaram personalidades dos mundos literário, jornalístico e empresarial paulistas quando comemorou 47 anos, em 15 de maio de 1943. Entre os que compareceram ao banquete no Esporte Clube Pinheiros, na cidade de São Paulo, estavam Roberto Simonsen, presidente da Federação das Indústrias do estado de São Paulo (Fiesp), Goffredo da Silva Telles, presidente do Departamento Administrativo do estado, o escritor Menotti Del Picchia, diretor de *A Noite*, além de toda a cúpula das *Folhas*. Enviaram telegramas a Belmonte

A persistência do caricaturista em combater Hitler lhe teria rendido críticas do ministro da Propaganda nazista, Joseph Goebbels. A este, Belmonte agradeceu ironicamente os ataques, em carta publicada em 11 de fevereiro de 1943, na *Folha da Noite*.

Obrigado, Dr. Goebbels!
A rádio de Berlim, a famosa D. N. B. onde pontifica o não menos famoso dr. Josef Goebbels, ministro da Propaganda, tem como norma indeclinavel falar mal de personalidades muito importantes — Roosevelt, Churchill, Stalin, Eden, Getulio, Aranha, enfim, de todos os estadistas que não concordam com a violência nazista, nem com o seu desesperado "lebensraun". Enquanto a ofensiva aérea do marechal Goering vai de mal a pior e a ofensiva terrestre do chanceler Hitler está sendo desencadeada em vice-versa, o dr. Goebbels faz questão de manter em dia a ofensiva radiofônica, atacando por todos os lados, numa verborragia digna de melhor sorte.
Ainda há poucos dias, a famosa emissora do dr. Goebbels, num gesto que muito me honra, resolveu promover-me à personalidade importante e, numa de suas irradiações, mimoseou-me com uma porção de desaforos. Não sei se o dr. Goebbels teve conhecimento de minhas "charges" através das "Folhas" ou via Estados Unidos, onde o "Saturday Evening Post" reproduziu duas, ainda há pouco. De qualquer forma, o sr. ministro da Propaganda do Reich, mandando a sua locutora agredir-me com vários desaforos, fez de mim uma excelente propaganda em todo o mundo. Não posso, pois, deixar de consignar-lhe, aquí, os meus agradecimentos".
"Danke sher, doktor Goebbels!
BELMONTE

PREÇOS MAXIMOS PARA O COMERCIO DE TECIDOS

Entrará em vigor amanhã a portaria da Comissão de Preços relativa ao assunto

A fim de esclarecer o comércio e o público a respeito das determinações da Comissão Estadual de Preços, baixadas em portaria, que entrará em vigor a partir de amanhã, a "Folha da Noite" dirigiu-se àquela Comissão, onde obteve as seguintes informações:

A portaria recente do Coordenador da Mobilização Econômica, baixou normas estabelecendo as margens máximas de lucros comercial permitidas nas transações de venda de tecidos de algodão. Acompanha tais tecidos desde a saída das fábricas até a entrega ao consumidor pelas lojas de varejo.

Atendendo às peculariedades dêsse importantíssimo ramo de comércio, foi preciso fixar o preço teto para os grossistas, os atacadistas e, finalmente, para os varejistas.

Foi adotado o critério de se estabelecer margens percentuais especialmente para os tecidos que são vendidos pelas fábricas ao preço de Cr$ 6,00 o metro, sendo êsses produtos os tecidos populares e vendáveis às classes média e menos favorecidas, atendendo-se, assim, ao objetivo de consentir lucros menores para os tecidos que devem vestir o povo.

Para todos os outros tecidos de algodão que são faturados pelas fábricas a preço superior a Cr$ 6.00 por metro, foram autorizadas margens algo maiores.

E' evidente que, em hipótese alguma, o preço da mercadoria faturada poderá ser maior do que aquele em vigor, em qualquer um dêsses ramos de negócios de tecidos, em 1.o de setembro p. passado, ou, ainda, superior ao preço correspondente ao último negócio feito antes daquela data, no caso das margens serem inferiores às ultimamente fixadas.

O ponto mais importante da portaria em aprêço é, evidentemente, aquele que estabelece, em o seu item 11.o, que, a partir de 1.o de dezembro, p. futuro, deverão ser fixados os lucros das fábricas, o qual deve ter grande reflexo no comércio distribuidor.

Enquanto isso, estará em vigor, a partir re amanhã, 1.o de novembro, no que se refere à parte comercial, cujas margens de lucro foram já determinadas, como acima dissemos.

As Comissões Estaduais de Preços compete agora estabelecer as normas defislização e as penalidades que devem ser compostas.

Aguarda-se portanto, a entrada em vigor da Portaria e a sua execução até 30 de novemuro vindouro, para se poderobservar os seus refléxos e efeitos.

Tratando-se, como se trata, de assunto da máxima complexidade, as observações para as medidas durante a sua execução serão de grande im-

(Conclui na pagina 3)

RIO, 31 (Da Sucursal) — *O Sr. Getulio Vargas, pela primeira vez depois de sua queda, se deixa fotografar no Palacio Guanabara, cercado por amigos. Titubeando ao ser interrogado pelo reporter, o ex-chefe do Govêrno, apesar de conservar o seu classico e fotogênico sorriso, apenas soube dizer: "Amanhã eu prometo falar ao povo... De onde, não sei!" E acrescentou: "Mas eu vou escrever algumas palavras e as distribuo aos jornais".*

Na foto, gentilmente cedida às "Folhas" pelo "O Globo" vê-se o Sr. Getulio Vargas tendo à sua direita os Srs. Epitácio Pessoa Cavalcanti e Danton Coelho, funcionário do Ministério da Fazenda e, à esquerda, um membro de sua Casa Militar.

Prestes Maia

O POVO APLAUDE A VOLTA DE BELMONTE

Com o festejado caricaturista reapareceu Juca Pato, o cidadão mais popular de São Paulo — Regozijo na Capital e no interior do Estado

A noticia da volta de Belmonte às "Folhas" teve ampla repercussão na Capital e no Interior do Estado. Diariamente tem-nos chegado telegramas e abaixo-assinados de felicitações pelo retorno do grande caricaturista aos nossos jornais. Ainda agora foi-nos enviada de Ribeirão Prêto uma lista contendo grande número de assinaturas de pessoas daquele importante municipio, manifestando o seu júbilo pelo reingresso de Belmonte na "Folha da Manhã" e "Folha da Noite".

Todas as pessoas que nos vêm trazer o seu aplauso pelo auspicioso acontecimento encarecem a importância do lapis de Belmonte como vigoroso defensor dos interesses populares, combatendo a ação nefasta dos exploradores do povo, os contumazes profissionais do "cambio negro" e dos aproveitadores de ocasião que se enriquecem à custa da bolsa do nosso homem que dedica sua atividade ao trabalho honesto de todo o dia.

Juca Pato, assim, assumiu o papel de verdadeiro advogado do povo. Por essa razão, a sua volta foi recebida com grande satisfação pelos paulistas.

Ele já iniciou a campanha do após-guerra, exigindo uma série de reivindicações popolares, que ontem se alegrava serem da dificil solução, devido à guerra, mas que hoje dependem apenas da ação dos poderes públicos. Agir é, portanto, a palavra de ordem.

Enquanto houver racionamento e demais restrições à alimentação do povo, Juca Pato estará assim, pensando e agindo, em favor de dias melhores para todos.

COMO SE MANIFESTOU "A COMARCA DE PENAPOLIS"

"A Comarca de Penapolis", da cidade de Penapolis, publicou em sua edição de 28 p. p. o seguinte artigo assinado por O. M., sob a epigrafe "Belmonte":

"A "Folha da Manhã" tem publicado a auspiciosa e grata notícia de que Belmonte voltará a colaborar nesse prestigioso matutino e na "Folha da Noite", no próximo dia 1.o de novembro.

Os admiradores dêsse artista aguardam com impaciência o seu retôrno. Essa boa nova encheu-nos de júbilo e de contentamento.

Desde que se retirou das "Folhas", sentíamos a sua ausência. Era a lacuna, a saudade de seus magníficos trabalhos. Havia, nesses jornais, um espaço vazio, sem vida; faltava êsse algo, faltavam os traços inconfundíveis do artista do lápis, que soube conquistar, com a magia de seus desenhos, os centros intelectuais do País e da velha Europa.

Ninguém, como êle, se dirige tão diretamente ao povo. As suas "charges" têm vida, se movem, falam, fazem gestos; são um pouco de si mesmo, que, cotidianamente, vai se diluindo, através da voragem da imprensa, para o seu público.

Como todos sabem, a difícil arte da caricatura "é a representação grotesca das pessoas ou acontecimentos para os ridicularizar". Ela abrange o gênero da sátira, o burlesco e o da comédia. "Ora incide sôbre as deformidades físicas, que acentua, ora, sôbre os defeitos do espírito, ora sôbre os vícios do coração" (1).

Possuindo essa terrível arma — a arte de caricaturar — poderia o seu lápis cortar mais que um estilete. Entretanto, o criador do Juca-Pato se compraz em provocar o riso, êsse riso bom, franco e espontâneo, sem maldade e sem sarcasmo, alegre e radiante, deliciosamente salutar.

Nas suas caricaturas não predomina o grotesco, o aleijão e sim a fina ironia. Altera-as apenas nos

(Conclui na página 3)

O PROFESSOR PRESTES MAIA PERMANECERÁ NA PREFEITURA

Assegurada a conclusão de importantes obras urbanísticas

Anunciou-se que os secretários de Estado serão mantidos nos respectivos cargos. O Prefeito Prestes Maia também não deixará o Govêrno da cidade A notícia, confirmada nas rodas oficiais, é auspiciosa para a população paulista. Sôbre ser um técnico e urbanista invulgar, de experiente capacidade administrativa e perfeito conhecedor das necessidades da Capital, está S. S. executando obras importantes para São Paulo, cuja remodelação prossegue ativamente.

Além dos empreendimentos já do conhecimento público, o Professor Prestes Maia tem planos a executar que se relacionam com as obras em andamento. Chegam a ser mesmo em número elevado os projetos estudados e ainda não divulgados, tanto no setor urbanistico propriamente dito, como no de transportes, sobressaindo-se o projeto de dotar São Paulo de amplo e completo serviço de transportes coletivos, de superfície e subterrâneo, tais como os elétrobus e o "metro".

Por outro lado, fica assim assegurada a conclusão de importantes obras públicas, que fazem parte de um plano de conjunto e que devem ser efetivadas para que S. Paulo consiga apressar o seu desenvolvimento como metrópole.

A notícia da permanência do Prefeito Prestes Maia à frente da Prefeitura terá satisfatória repercussão no seio da população de São Paulo, cuja cidade êle está remodelando e pretende colocá-la entre as melhores da América do Sul.

Iris Meinberg

O SR. IRIS MEINBERG

será o novo Secretário da Agricultura

A reportagem da "Folha da Noite" está informada de que, por indicação do Prof. Mello Moraes, será seu sucessor na Secretaria da Agricultura de São Paulo o Sr. Iris Meinberg, conhecido pecuarista e Presidente da União das Federações Agro-Pecuárias do Brasil Central.

Reforçada a posição dos comunistas dinamarqueses

Perderam cadeiras os sociais-democratas — Os resultados do pleito

COPENHAGUE, 31 (U.P.) — Segundo os resultados oficiais, as eleições na Dinamarca distribuiram da seguinte forma as 148 bancas na Câmara dos Deputados: os sociais-democratas tiveram 48 lugares, os radicais onze, os conservadores vinte e seis, os liberais trinta e oito, os georgistas três, os comunistas dezoito e os nacionalistas quatro.

As maiores perdas foram sofridas pelos sociais-democratas, que cairam de 66 para 48, enquanto os maiores ganhos couberam aos comunistas, que subiram de 3 para dezoito.

FOLHA DA NOITE — ÚLTIMA

A convenção de hoje do P.R.P. traçará os novos rumos do Partido

Realizou-se esta manhã a sessão preparatória — Apresentação de credenciais — Ligeiras palavras do Sr. João Sampaio

Flagrante da convenção do P. R. P., hoje, no Trianon

Realizou-se esta manhã, no salão principal do Trianon, a sessão preparatória da convenção do Partido Republicano Paulista, solenidade que se efetua à tarde.

Compareceu ao ato grande número de pessoas, próceres, partidários e simpatizantes do P. R. P., entre os quais tivemos oportunidade de notar os seguintes senhores: Ataliba Leonel, João Sampaio, Candido Mota Filho, Cory Gomes do Amorim, Tarcisio Leopoldo da Silva, Theotonio Monteiro de Barros, Alarico Franco Caiuby, Abelardo Vergueiro Cesar, Raul Medeiros, Antonio Contijo de Carvalho, Antonio Augusto Monteiro de Barros, João Baptista Lima Figueiredo, Carlos Reis Magalhães, Wlademir Piza, Luiz Gama e Silva e Sra. Da. Alaide Borba.

Estiveram ainda presentes representantes de diretórios de duzentos e cinquenta municipios paulista.s

APRESENTAÇAO DE CREDENCIAIS

A sessão desta manhã foi efetuada a fim de que os delegados apresentassem aos dirigentes

(Conclui na página 3)

O Sr. Washington Luis não se decidiu ainda sôbre seu regresso ao Brasil

Um jornal carioca comunicou-se pelo telefone internacional com o ex-presidente da República

O "Diário de Notícias", da Capital da República ouviu ontem pelo telefone internacional, o Sr. Washington Luis, destituido do poder há, precisamente, 15 anos, com a vitória da revolução chefiada pelo Sr. Getulio Vargas.

Aquêle órgão da imprensa carioca publica o seguinte:

"Narramos a S. Exa. os acontecimentos das últimas horas, ate a posse do Ministro José Linhares na Presidência da Republica, e lhe pedimos suas impressões.

Manifestando vivo interêsse pelas notícias, que confirmavam e completavam outras que lhe estavam chegando em telegramas de amigos o Sr. Washington Luis, esquivando-se de declaraçoes mais gerais, disse-nos:

— Quero especialmente congratular-me com o "Diário de Notícias" pela sua brilhante e desassombrada participação no movimento pela restauração democratica do Brasil.

Agradecendo esses cumprimentos, tivemos ocasião de mencionar o nome do Sr. Octavio Mangabeira, que minutos antes estivera em nossa redação, e tendo o antigo Chefe da Nação enviado, por nosso intermédio, uma calorosa saudação ao Ministro das Relações Exteriores do seu govêrno, cuja grande atuação, no sentido do retôrno da legalidade, também destacou.

Com relação ao seu próximo regresso ao nosso País, disse-nos o Sr. Washington Luis não haver formulado ainda projetos definitivos a respeito".

Aguardada a demissão dos diretores do Banco do Brasil

RIO, 31 (A.) — Segundo é voz corrente, nos circulos bancários, o Presidente e os demais diretores do Banco do Brasil, pedirão, talvez hoje, a demissão dos respectivos cargos, ao novo Presidente da Republica.

Com essa medida, espera-se que radicais transformações sejam efetuadas na direção do principal estabelecimento de crédito do País.

o interventor de São Paulo (governador nomeado por Getúlio Vargas), Fernando Costa, o ministro do Trabalho, Alexandre Marcondes Filho, o prefeito, Prestes Maia, e os escritores Guilherme de Almeida e Cândido Motta Filho.

DOM QUIXOTE MODERNO

Com o fim da Segunda Guerra, em agosto de 1945, Juca Pato parecia pronto a retomar a cruzada em defesa de sua cidade e dar combate aos problemas nacionais. Mas, para estranhamento dos leitores, desde a primeira semana de maio daquele ano, Belmonte havia desaparecido das páginas das *Folhas*. Nenhum desenho seu foi publicado entre início de maio e final de outubro, quando foi substituído pelo cartunista uruguaio Andrés Guevara (1904-1963), cujos trabalhos, na verdade, eram adquiridos na Agência Interamericana de Notícias, que os distribuía para jornais de todo o continente.

Sem poder contar com o humor de Belmonte, a *Folha da Noite* também publicou a série "A bola do dia", reprodução do trabalho que o cartunista cearense Mário Mendez fazia para a primeira página de *O Globo*, do Rio de Janeiro. Nunca ficou claro por que Belmonte deixou os dois jornais nesse período: se pediu as contas, se foi dispensado, se foi pressionado por algum fato político ou se se afastou para cuidar da saúde. Certo é, contudo, que seu desligamento coincidiu com a venda dos diários para o advogado José Nabantino Ramos, que assumiu a direção de Redação.

Seis meses longe das *Folhas* – o mais longo afastamento ocorrido até então – foi tempo suficiente para a direção perceber quanto a imagem dos jornais estava associada ao trabalho de Belmonte e como ele fazia falta aos leitores, que reclamavam de sua ausência mais e mais. Finalmente, na edição de 25 de outubro de 1945, a *Folha da Noite* trouxe na primeira página a boa notícia: "Belmonte voltará a colaborar nas *Folhas*". E acrescentou no subtítulo da matéria: "O genial caricaturista e seus bonecos novamente a serviço dos dois grandes órgãos". A volta foi marcada para 1º de novembro.

Todavia, um dia antes da data prevista, em 31 de outubro, a *Folha da Noite* publicou uma charge política protagonizada por Juca Pato. Também deu destaque à seguinte notícia: "O povo aplaude a volta de Belmonte – Com o festejado caricaturista reapareceu Juca Pato, o cidadão mais popular de São Paulo – Regozijo na capital e no interior do estado". A nota explicava que o jornal havia antecipado a reestreia devido à expectativa que se criou e também a pedido do próprio artista, ansioso por retomar seu trabalho. "Diariamente, têm chegado telegramas e abaixo-assinados de felicitações pela volta do grande caricaturista", dizia. Coincidência ou não, Getúlio Vargas havia sido deposto um dia antes.

No começo de 1946, Belmonte, como chargista, parecia revigorado. Sua produtividade afastava da preocupação dos leitores a hipótese de que estivesse doente. Mas ele estava. Sofria de uma doença letal na época, a tuberculose, que havia matado muitos conhecidos seus do meio jornalístico. Em seu caso, todos os tratamentos possíveis vinham sendo tentados, sem êxito.

Quando chegou o ano de 1947, Belmonte já não ia à Redação das *Folhas*. Não tinha forças para levantar da cama. Fazia seus trabalhos em casa, em uma prancheta improvisada, que colocava sobre um travesseiro em seu colo. Em 9 de abril, pouco tempo antes de ser internado pela última vez, vendo que o fim se aproximava, pediu a dois amigos que o acompanhassem em um passeio à noite por São Paulo – o giro pela cidade foi descrito em detalhes por um deles, Nelson Vainer, que depois teria dito que seu relato era pura ficção.

Depois de seis meses longe das *Folhas*, Belmonte reassumiu seu posto. A boa-nova saiu na *Folha da Noite* de 31 de outubro de 1945, acompanhada de uma imagem de Juca Pato e de uma charge em que o personagem tenta se livrar de políticos mascarados que querem fisgar seu voto.

Segundo ele, o grupo percorreu inicialmente o bairro de Perdizes, onde Belmonte morava, e as ruas vizinhas do Pacaembu, ao redor do estádio. Depois, seguiu para o centro, onde atravessou as avenidas São João e Ipiranga. O artista teria manifestado admiração pelo movimento noturno e pelo pisca-pisca dos luminosos. "Seu olhar vago e distante recordava, talvez, cenas que seu lápis reproduzira. Talvez pensasse que a sua cidade estava cada vez mais diferente daquela dos bandeirantes de Fernão Dias. Ele, porém, amara as duas, intérprete popular de seus dramas cotidianos", escreveu Vainer.

Nos nove dias que se seguiram, sua saúde piorou ainda mais. A família foi avisada de que já não restava muito a ser feito. Deitado e com a prancheta à mão, Belmonte continuava a desenhar, negando-se a ceder à doença. Na madrugada de 19 de abril, sábado, às 3h45, o cartunista foi vencido pela tuberculose. Morreu no Hospital São Lucas, na rua Pirapitingui, 80, na Liberdade. Como era comum na época, o velório aconteceu em sua casa, na rua Atibaia, 129. Belmonte foi sepultado no mesmo dia, às cinco da tarde, no Cemitério São Paulo.

Os colegas, que esperavam pelo pior, tinham preparado na véspera seu obituário, que saiu no mesmo dia na *Folha da Noite*. Já a *Folha da Manhã* lamentou em 20 de abril: "Causou a maior consternação nesta casa, que ele sempre distinguiu com a sua fidelidade e o seu talento; em toda São Paulo, cuja vida política e social deixa narrada através de suas charges e das suas ilustrações de caráter histórico; e mesmo em todo o país, de cujo resumido grupo de caricaturistas era nome de primeira planta, a morte do admirável jornalista e desenhista Benedito Bastos Barreto, desde os seus primeiros passos conhecido por Belmonte, o criador da figura imortal do Juca Pato, tão cheia da sua 'verve' nas linhas simples que a compõem".

Em 22 de abril, a *Folha da Noite* descreveu o impacto do acontecimento entre os paulistas: "A morte de Belmonte causou geral consternação. Desde aqueles que com ele conviveram no jornalismo ao mais humilde homem do povo que se acostumou a admirar-lhe as charges, todos sentiram no seu desaparecimento o silenciar de um espírito vivo e sempre atento às coisas públicas".

Nos dias seguintes, tanto a *Folha da Noite* quanto a *Folha da Manhã* continuaram a publicar quase diariamente declarações e testemunhos sobre o chargista, bem como notícias sobre as homenagens que lhe iam sendo prestadas em toda parte: nos demais diários da capital e do país, nas instituições públicas, como escolas, e em associações literárias, artísticas e historiográficas. Em 25 de abril, quase uma semana após a morte, a *Folha da Noite* dedicou praticamente uma página inteira para a reportagem especial de Nelson Vainer sobre a vida e a obra de Belmonte. "Morre um gigante", dizia o subtítulo.

Não havia exagero. De fato, seu falecimento gerou uma comoção como poucas vezes se vira em São Paulo. Uma multidão compareceu ao velório e ao enterro. O governador do estado, Adhemar de Barros, tantas vezes implacavelmente criticado por Belmonte, foi representado pelos auxiliares da Casa Militar e da Casa Civil – Delfim Cerqueira Neves e Joaquim Severino de Paiva, respectivamente. Antes de baixar o corpo, coube ao deputado Aureliano Leite fazer o discurso de homenagem: "Diz com razão a *Folha da Noite* de hoje que as suas charges eram apreciadas pelo povo porque refletiam as suas aspirações, o seu julgamento dos fatos e homens do dia".

Em 27 de abril, domingo, em homenagem a Belmonte, a *Folha da Manhã* publicou um desenho inédito que a Redação considerou o mais representativo de sua personalidade e de seu humor reflexivo, empenhado em questionar o mundo. Na imagem que ocupava mais de um quarto

A morte de Belmonte, em 19 de abril de 1947, foi noticiada com destaque na primeira página da *Folha da Noite*, na edição do mesmo dia. O ilustrador era um dos ícones da cultura paulistana.

verno

pejos

:entro para a sede da Junta

ndenizações serão exigidas do

ro do Estado

talados varios gran-
elecimentos comer-
n de centenas de
advogados, etc.

SE DE PREDIO DO ESTADO

e de predio agora de
de do Estado, que
em pagamento de
imposto "causa-mor-
dos inventarios em
o nos Cartorios dos
Familia, na Capi-

NADO A JUNTA COMERCIAL

rtagem da "Folha da
i informada de que
interventoria des-
iele predio à Junta
do Estado e Pro-
Judicial, já tendo
to publico a respei-

IFICAÇÕES

em cumprimento a
a Procuradoria Ju-
á fazendo as notifi-
s inquilinos que não
contrato com prazo.

Acontece que há naquele edificio, de grandes dimensões, comerciantes antigos e que já tiveram seus contratos renovados, de acordo com a lei de luvas.

VULTOSAS INDENIZAÇÕES

A estes o Estado terá de indenizar, se pretender apesar de tudo, a desocupação dos armazens ocupados.

Essa indenização, segundo estamos informados, é enorme, subindo a aproximadamente 9 ou 10 milhões de cruzeiros.

esidente Dutra irá ao "Circui- da Gavea"

) (Da sucursal) — O
e da Republica deve-
r à prova automobilis-
minada "Circuito da
que se realizará ama-

UMA GRANDE PERDA PARA SÃO PAULO

MORREU BELMONTE

O grande caricaturista não resistiu ao ataque insidioso e pertinaz de terrivel dispnéia — Uma figura querida em todo o Brasil — O povo falava pelo lapis de Belmonte

Belmonte morreu esta madrugada. Terrivel dispnéia o vitimou, após longos dias em que se manteve hospitalizado. Há muitos anos aliás, essa in-

O povo falava pelo lapis de Belmonte. Dai a sua popularidade. Era, assim, um combatente vivo e temido da imprensa quotidiana.

Sua morte constitui um golpe brutal para nós. Pois, nas "Folhas", ele era um colaborador precioso. Sempre militou em suas colunas, pois, as propostas fascinantes que recebia não o entusiasmaram de forma a abandonar o ninho de página, viam-se ao longe as silhuetas inconfundíveis de Dom Quixote e Sancho Pança seguindo rumo ao horizonte crepuscular e infinito.

Em sua função de chargista, Belmonte sentia-se como um solitário Dom Quixote: idealista, sonhador, corajoso a ponto de desafiar os poderosos. Não por acaso, em palestra proferida pouco depois de sua morte pelo escritor Mario Cordeiro, na sucursal das *Folhas* no Rio de Janeiro, e publicada na *Folha da Manhã* de 11 de maio, Belmonte foi chamado de "Dom Quixote moderno".

Cordeiro disse que mesmo a figura esguia e angulosa do artista fazia lembrar o personagem de Cervantes. "Foi ele, porém, um Quixote que se modernizou, adaptando-se à sua época, usando a arma que lhe pareceu mais apropriada no momento", ou seja, o lápis e o pincel. Em seguida, acrescentou que, ao contrário do personagem imortal, "Belmonte teve à disposição numerosos Rocinantes, que ele montava com desembaraço e galhardia, cravando-lhes no dorso as esporas de ouro de sua ironia demolidora".

Por algumas semanas, a *Folha da Noite* circulou sem qualquer tipo de charge humorística. Com a ausência de Belmonte, o jornal ficou desnorteado. Surgiu, então, a ideia de reproduzir diariamente, a partir de junho de 1947, cartuns já publicados, à maneira de uma homenagem, com o título "Belmonte está fazendo falta...". E assim foi feito, por alguns meses, enquanto se buscava alguém para substituí-lo – tarefa quase impossível, acreditavam seus admiradores.

Nos dez anos seguintes, Belmonte continuou presente nos dois jornais, principalmente com suas inconfundíveis ilustrações, reaproveitadas em cadernos e suplementos especiais. Por tudo que representava para São Paulo, como observador de seu cotidiano e cronista de seu passado, ele foi lembrado na festa de celebração do quarto centenário da cidade. Na *Folha da Manhã*, uma ilustração em cores feita por ele foi publicada no alto da primeira página da edição especial colorida feita na data, 25 de janeiro de 1954. Belmonte continuava a festejar São Paulo, mais vivo do que nunca.

"Eu sou um homem sem biografia", teria dito ele a Nelson Vainer, no leito de morte. Há nessa frase um tanto de modéstia e um tanto de sinceridade. De fato, a vida do cartunista foi desprovida de grandes peripécias e experiências radicais. Foi um homem que se dedicou mais ao trabalho do que a si mesmo. Todavia, viveu seu ofício de ilustrador como uma apaixonante aventura e por isso mesmo pôde levar a charge política no Brasil a um nível inédito de inteligência crítica, sofisticação visual e relevância social, ao mesmo tempo que contribuía para criar a identidade moderna de uma capital, São Paulo.

Em seus últimos dias de vida, Belmonte planejava concluir um ambicioso álbum de desenhos. Os colegas das *Folhas* escolheram um desses trabalhos inéditos, com a imagem de Dom Quixote e Sancho Pança, para homenageá-lo nas páginas do jornal.

O ultimo desenho de Belmonte

DOM QUIXOTE E SANCHO PANÇA

E ao anoitecer, sob um céu de alegoria, o Grande Cavaleiro iniciou a grande aventura.

(De um album de desenhos que o nosso saudoso companheiro tinha em preparo).

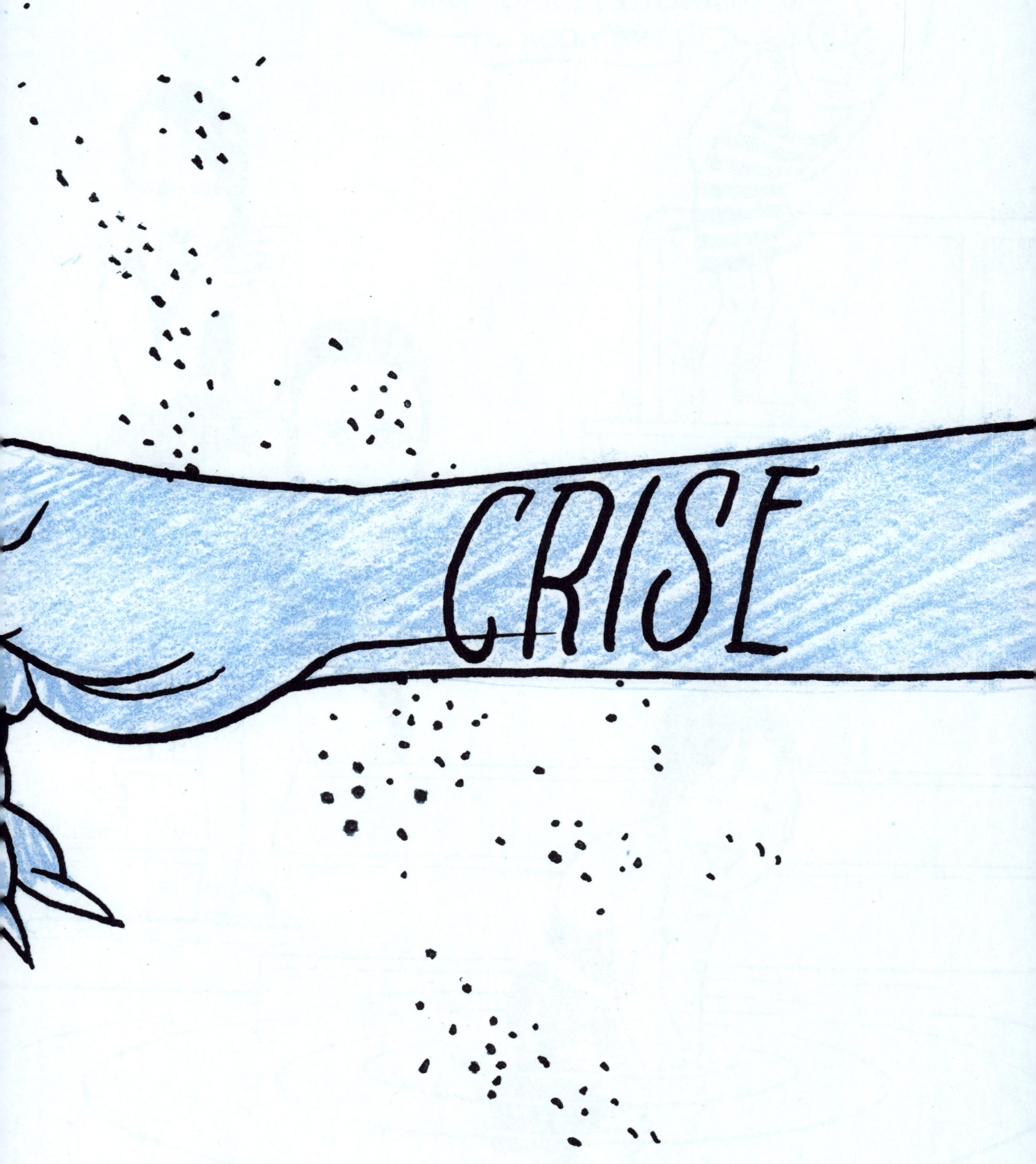
CRISE

AQUI, FAZEM TRANCINHAS...
ALLI, FAZEM ONDA...
E'... ESSAS COISAS, ULTÍ-
MAMENTE, ESTÃO MUITO
NA MODA...
BELMONTE

JUCA PATO, O PORTA-VOZ DO POVO

Em 30 de abril de 1925, quinta-feira, Juca Pato surgiu pela primeira vez na *Folha da Noite*. Não havia nada no jornal indicando que o personagem teria vida duradoura para além daquela aparição na metade inferior da primeira página, em uma história de três tiras com dez quadrinhos em que criticava a burocracia das repartições públicas. Mas Juca Pato voltou em 3 de maio, domingo, em uma segunda história, de nove quadrinhos, que narrava as agruras do personagem para entender uma tecnologia relativamente nova, o rádio – a primeira transmissão no país ocorrera apenas três anos antes e a primeira emissora fora criada em 1923.

Sucesso instantâneo entre os leitores do jornal, Juca Pato compareceu em nada menos que oito histórias e cartuns, sempre na primeira página, até o último dia de maio de 1925. Logo deixou claras sua personalidade forte e sua impaciência com relação aos políticos e aos problemas sociais e urbanísticos de São Paulo, como o abastecimento deficiente de água e de alimentos, a precariedade do transporte público e as más condições do calçamento da cidade. Também se preocupava com a defasagem do salário mínimo, a alta dos preços dos produtos, a corrupção e até a falsificação de remédios.

O carisma, a ironia e a sagacidade de Juca Pato conquistaram de imediato os paulistanos, de quem ele compartilhava frustrações e aspirações. O personagem encarnava o homem comum, que se via constantemente aprisionado na burocracia exagerada das repartições públicas, enganado por governadores, prefeitos, vereadores e deputados que não cumpriam suas promessas eleitorais e atormentado pela falta de dinheiro para fechar as contas do mês. Sempre vigilante, ele esbravejava e protestava contra tudo que andava errado em São Paulo e também no país – pois, com o tempo, passou a se intrometer na política nacional.

Em 1941, Belmonte explicou ao semanário *Diretrizes* que criara

Juca Pato porque a imprensa, na década de 1920, carecia de um tipo caricatural que vivesse as mesmas agruras por que passavam os cidadãos paulistanos. "Operou-se, então, este fenômeno: a criação artística superpôs ao criador e passou a constituir um patrimônio público", disse ele. Os dissabores que atormentavam Juca eram idênticos aos que despencavam, todos os dias, sobre a cabeça de seus conterrâneos, o que garantiu ao personagem uma fama imediata.

Muitos podiam não se lembrar do nome de Belmonte, mas sabiam quem era Juca Pato, cuja figura fora inspirada em um amigo do cartunista, Dieno Castanho (1901-1972), jornalista, poeta e publicitário. Na década de 1930, Belmonte contou que, com o sucesso das charges, diariamente, às vezes altas horas da noite, recebia telefonemas de fãs que faziam sugestões para os próximos cartuns, quase sempre sobre temas políticos ou problemas do dia a dia na metrópole. Ele ouvia tudo pacientemente e prometia atender.

O êxito foi tão grande que estimulou a Casa Editora Rochêa a lançar em 1926, ano seguinte ao da criação do personagem, o livro *Angústias do Juca Pato*. Com 32 páginas e dois prefácios – do historiador e jornalista Lelis Vieira e do próprio Belmonte –, a obra trazia na capa em cores um desenho quase herético: Juca Pato representado como Cristo, carregando uma cruz, onde apareciam sentados o fisco, agiotas, a Companhia Telefônica, guiados por uma megera, a "Madame Politicagem"... Na lustrosa careca do personagem, uma coroa de espinhos. Grossas gotas de sangue e lágrimas escorriam de seu rosto sobre o fraque.

TANGO E MAXIXE

"O lápis endiabrado e feliz de Belmonte, o apreciado caricaturista da *Folha da Noite* e de várias publicações ilustradas daqui e de São Paulo, criou a entidade de Juca Pato", dizia uma nota elogiosa sobre o livro, não assinada, publicada em 3 de fevereiro de 1926 no carioca *Correio da Manhã*. "Juca Pato é um símbolo. Mas o símbolo, na caricatura, é a parte subjetiva do artista. Nascido em boa terra, ele cresceu, popularizou-se, passou a constituir um prato do dia nas leituras de meu filho", completava a nota.

Fenômeno popular, o personagem naturalmente se tornou um destaque no Carnaval do ano seguinte, com o tango "Juca Pato", de Cristóvão Brasil, e com o maxixe "Coitado do Juca Pato", de Nabor Pires de Camargo, com letra de Dieno Castanho – o mesmo cuja aparência física inspirara o personagem de Belmonte. Ele também seria evocado no Carnaval de 1929, na marcha "Torneira seca", de Carlos Lemos Ramos, que pôs em rima as críticas de Belmonte à falta d'água na cidade. O compositor teria sido estimulado a criar a canção após ler uma charge em que Juca Pato aparecia chupando uma torneira de banheiro, imagem que irritou o prefeito José Pires do Rio (1880-1950). "Contra a falta d'água/ Que 'liquida' com esta terra/ Todo mundo berra!/ Ai! Todo mundo berra!/ Chupa Juca Pato na torneira sem cessar/ Mas não 'dianta chupar/ Que ela não vem", dizia a marcha.

Belmonte foi um autêntico fiscal dos problemas urbanos de São Paulo. Seus desenhos – detalhistas e minuciosos, às vezes elaborados de memória, às vezes com base em fotografias – permitiriam reconstruir hoje parte dos aspectos visuais da capital. Neles aparecem ruas, carros, construções, tipos humanos e objetos que compunham a vida da cidade.

Na primeira metade da década de 1930, o ilustrador parecia um pouco cansado de seu personagem mais conhecido. Tanto que, em 1934, Juca Pato surgiu em uma charge apenas. A eclosão da Segunda Guerra, porém, incitou Belmonte a trazer sua principal criação de volta ao centro do palco, para incomodar Hitler, Mussolini e todo o séquito nazifascista.

O personagem também teria papel importante após a queda de Getúlio Vargas, em 1945, e o fim da censura, quando Belmonte voltou a disparar ferozes críticas ao mundo político brasileiro. Em todos esses períodos, o idealismo e o olhar humanista do ilustrador fizeram de Juca Pato um destemido porta-voz dos oprimidos e inconformados – até o último desenho, publicado em 1947.

Criado em 1925, Juca Pato foi um dos primeiros personagens do humor gráfico brasileiro. Ele simbolizava o cidadão médio paulistano e não daria sossego às autoridades brasileiras. Até Hitler seria atazanado por ele.

30.4.1925

Estreia em grande estilo de Juca Pato, na *Folha da Noite*, em uma história de dez quadrinhos contando as agruras do personagem ao lidar com o serviço público. O autor teria vivido experiência semelhante.

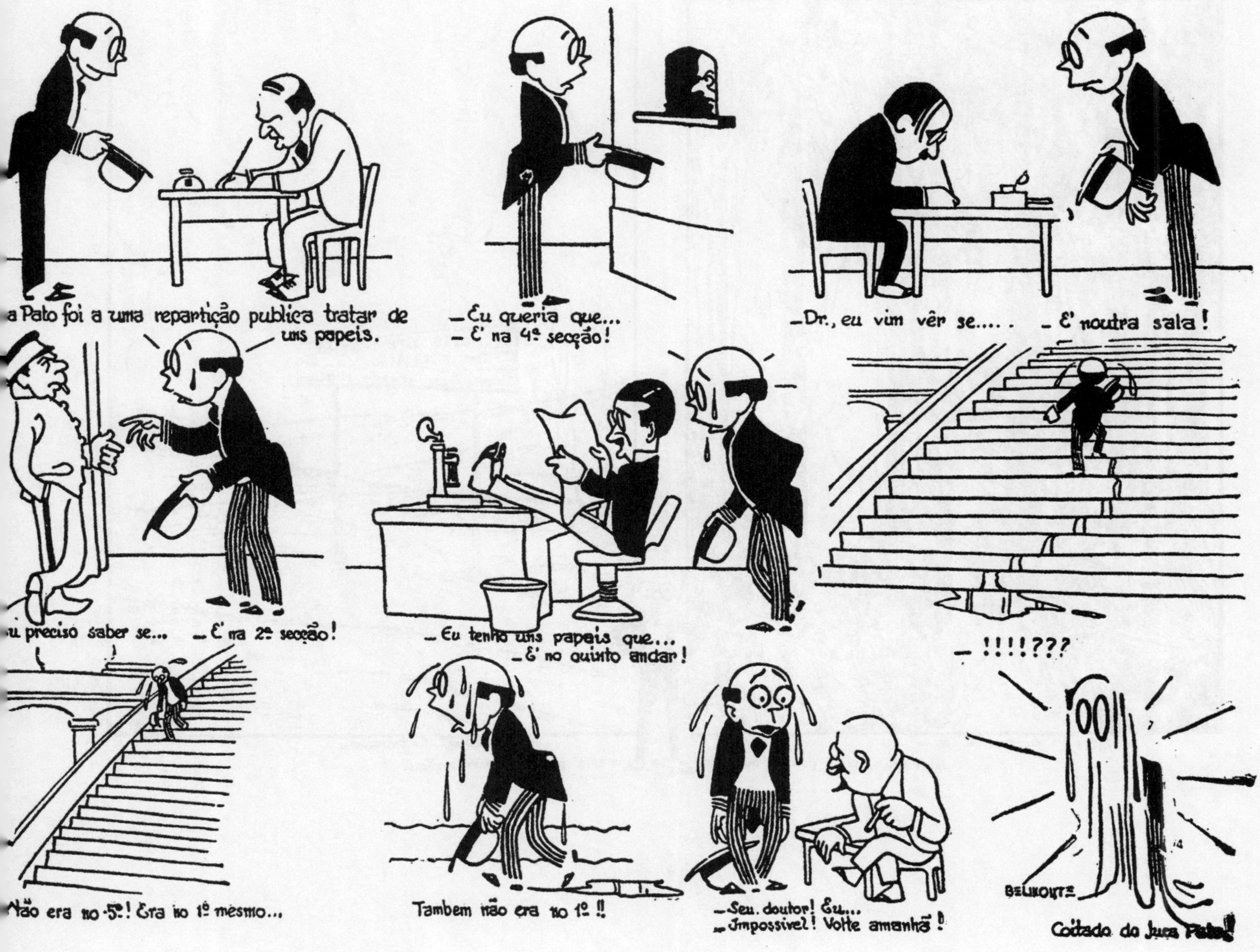

a Pato foi a uma repartição publica tratar de uns papeis.
— Eu queria que...
— E' na 4ª secção!
— Dr., eu vim vêr se.....
— E' noutra sala!
u preciso saber se...
— E' na 2ª secção!
— Eu tenho uns papeis que...
— E' no quinto andar!
— !!!!???
Não era no 5º! Era no 1º mesmo...
Tambem não era no 1º !!
— Seu doutor! Eu...
— Impossivel! Volte amanhã!
BELMONTE
Coitado do Juca Pato!

4.7.1926

"E dizem por aí que isto se chama progresso, civilização...", reflete Juca Pato, em crítica pioneira de Belmonte ao desmatamento no país.

31.10.1926

Juca Pato surge reformulado nessa charge sobre a atração dos brasileiros pela loteria: o personagem ficou menos infantil.

30.1.1927

A sátira política foi desde cedo uma constante nas aparições do personagem Juca Pato, que aqui critica o Partido Republicano Paulista (PRP), extinto em 1937.

20.8.1927

Em ataque ao nacionalismo, Juca Pato encontra outro ícone da cultura paulistana, Juó Bananére, pseudônimo do escritor Alexandre Ribeiro Marcondes Machado, conhecido por seus livros e poemas em que misturava o português com o italiano.

24.3.1928

Em seus primeiros anos na *Folha da Noite*, Juca Pato atentava principalmente aos problemas da cidade de São Paulo, com críticas diretas às autoridades políticas. "Seu Juca! Descobri um novo sistema de numerar as fardas dos fiscais", diz o prefeito, cercado de tantos problemas mais sérios a resolver.

NAMICO

0
ADO
11
DOMINGO
E! QUE SERÁ?! DEVE SER A RECTIFI-
ÃO DO TIETÊ.
— OU ENTÃO A AVENIDA DE IRRADIA-
ÇÃO... OU A ANHANGABAHÚ...
14
ARTA
15
41
BELMONTE
HI VEM ELLE! FINALMENTE!
_SEU JUCA! DESCOBRI UM NOVO SYSTEMA
DE NUMERAR AS FARDAS DOS FISCAES!

14.12.1932

Belmonte expõe os problemas decorrentes do fim da moratória decretada pelo governo paulista durante a Revolução Constitucionalista de 1932 no cartum *"Debout! les morts!"* (Mortos, de pé!), citação francesa da época.

8.12.1933

No decorrer de 1933, quando aumentou a pressão do governo de Getúlio sobre os jornais de São Paulo, Belmonte usava a imaginação para reclamar de medidas autoritárias, como nessa charge sobre a alta de impostos.

27.11.1934

Em 1934, Belmonte passou a adotar os balões em suas histórias em quadrinhos. Nessa charge, Juca Pato ironiza a quantidade de vias urbanas interditadas por causa de obras.

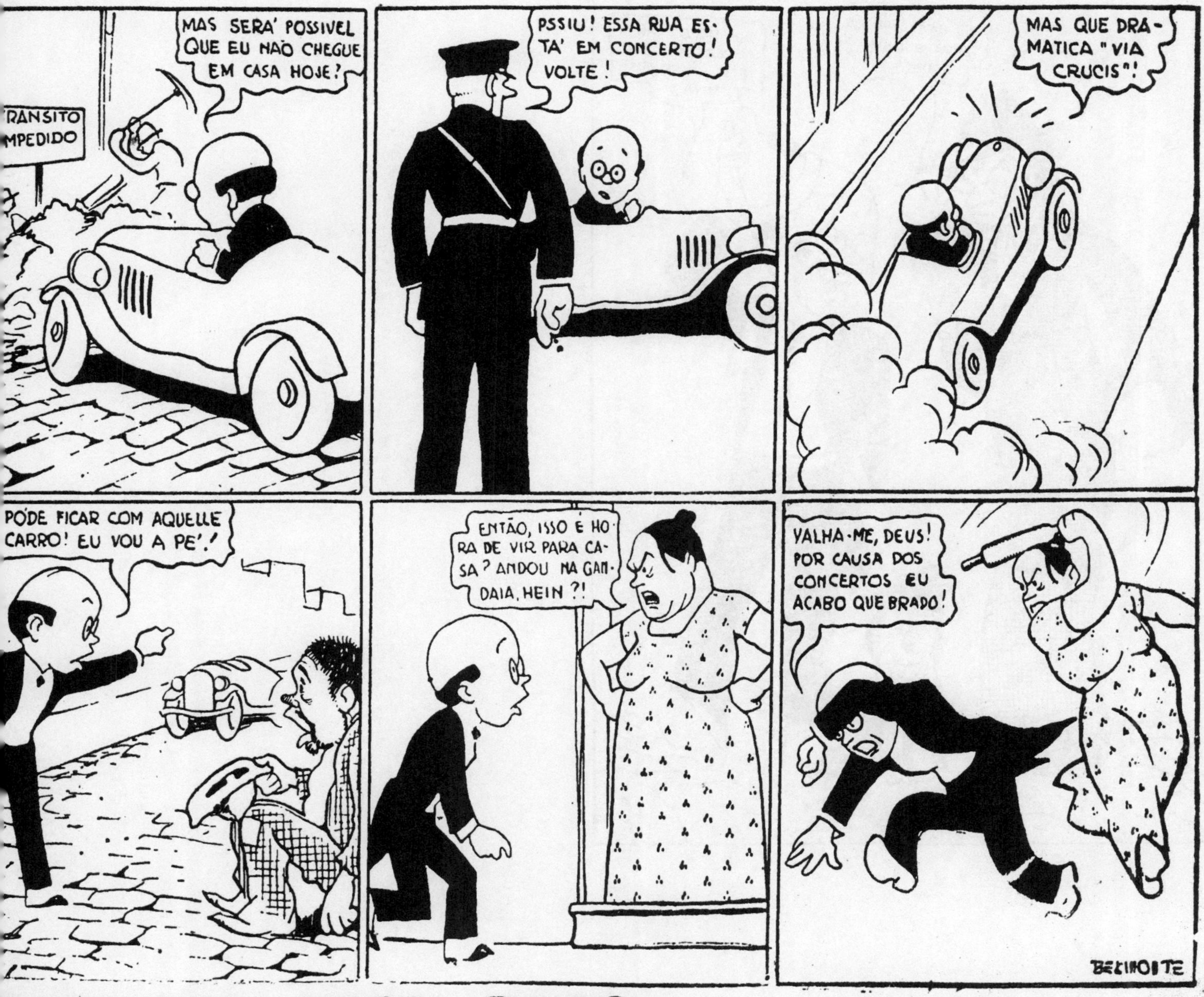

TIAS DO JUCA PATO

4.1.1936

Ao famoso lema "Pão, terra e liberdade", da organização comunista Aliança Nacional Libertadora (ANL), Juca Pato contrapõe o debochado "Lança-perfume, confete e serpentina".

AS NOIVAS JAPONEZAS

— *Infelizmente, as senhoritas não poderão entrar aqui. Esta casa não pertence mais á "mãe Joanna"...*

1º.3.1939

Já no início de 1939, Belmonte engajara Juca Pato na luta contra as nações que apoiavam a Alemanha nazista. Nesse cartum polêmico, ele critica a imigração de mulheres japonesas para o Brasil em busca de casamento com os compatriotas delas que aqui viviam.

28.2.1945

Juca Pato se transforma em Diógenes, o sábio grego do qual se dizia que perambulava pelas ruas à procura de um homem honesto. No cartum, ele busca apenas uma ideia.

"Vai ser reformada a Lei Eleitoral." — (DOS JORNAIS)

— Mas isso é uma violência, seu Juca! Então não se respeita a vontade soberana do povo?!

12.1.1946

Com a queda de Getúlio, Juca Pato empenhou-se em cobrar o respeito à democracia, como nessa charge em que critica a reforma da Lei Eleitoral e o modo como os eleitores votam "cegamente".

2

BELMONTE CONTRA GETÚLIO

Belmonte foi o cartunista que enfrentou e desafiou de maneira mais contundente e sistemática na imprensa o primeiro ditador da República: Getúlio Vargas (1882-1954). Nas páginas da *Folha da Noite* e da *Folha da Manhã*, ao longo dos quinze anos em que Getúlio esteve pela primeira vez no poder, Belmonte firmou a reputação de artista corajoso, que, em suas próprias palavras, sempre se pautava contra "todos aqueles que contribuem de uma forma ou de outra para a desorganização e anarquia tão acentuadas nestes últimos tempos".

Até 1930, Belmonte focara seu trabalho no cotidiano de São Paulo, apesar de ter feito um bom número de charges protagonizadas pelo presidente Washington Luís (1869-1957) e que também criticavam os governadores do estado. Foi a Revolução de 1930 que provocou a virada em sua obra, em particular depois da violência empregada pelos partidários de Getúlio na destruição, entre 24 e 25 de outubro de 1930, da Redação das *Folhas*, que apoiavam Júlio Prestes (1882-1946) nas eleições daquele ano. A *Folha da Manhã* só voltou a circular em 25 de dezembro, dia de Natal, com uma chamada em latim em destaque na capa: "*Pax hominibus*" (paz entre os homens). A *Folha da Noite* retornou às bancas apenas em janeiro do ano seguinte.

Com o levante paulista de 1932 para derrubar o governo provisório de Getúlio, Belmonte politizou seu trabalho para sempre. Passou

Edição Unica

FOLHA DA NOITE

Edição Unica

DIRECTOR: LUIS AMARAL — PROPRIEDADE DA EMPRESA "FOLHA DA MANHÃ" LTDA. — Director-Superintendente: OCTAVIANO ALVES DE LIMA

ANNO XI | TEL. 2-7181 (RÉDE INTERNA) RUA DO CARMO, 7 e 7-A | S. PAULO — SEGUNDA-FEIRA, 8 DE FEVEREIRO DE 1932 | END. TELEGR. — "FOLHA" CAIXA POSTAL, 2.900 | N. 3.395

COMO O PAULISTANO SE DIVERTE — CORSO, BAILES, ANIMAÇÃO —

Apesar de a Prefeitura não ter querido concorrer para os festejos do carnaval paulista — nem ao menos mandou augmentar a illuminação das ruas — e a despeito do pessimismo de todos, o carnaval deste anno, não está completamente desinteressante. Ha certa animação. Começou tarde. Começou sabbado, á noite, quando cerrados os estabelecimentos commerciaes, appareceram os primeiros foliões. Com elles, o bulicio, rumor zabumba, saracoteio. Amostras de carnaval. Amostras alegres de carnaval. A' noite era intenso o movimento no Triangulo. Enquanto cruzavam os carros os foliões annunciavam o primeiro dia de Momo.

J. A.

Desilludiu-se
Da turminha tagarella,
E agora conta:
Só dando com uma pedra nella!"

As ruas se enchiam de populares. Gaitas e cornetas, de par com os "pernacchios", enchiam a cidade de vibrações carnavalescas. Os clubes se encheram para os bailes.

Ate que surgiu domingo. E o dia de hontem esteve cheio de sol. Temperatura mais benigna do que nos dias anteriores. Dahi maior movimento de automoveis, a caminho do corso, que esteve animadissimo. Na Avenida Paulista elle foi constituido por tres filas. Automoveis carissimos, em bôa camaradagem com carros populares conduzindo gente rica e gente pobre, ali rodaram, uma, duas muitas vezes, expondo a decantada tristeza paulistana.

Mas, se o carnaval, na Avenida Paulista, e insipido, com uma ausencia absoluta de movimentos largos e desordenados, de gritaria e de espirito, assim não esteve hontem, o carnaval do Braz, onde o corso decorreu numa alegria franca e natural.

Da Avenida Paulista os automoveis vinham para a corso popular da gente que se diverte, sem convencionalismo. Sem etiquetas. Sem protocollo. A' sahida da Avenida, ouvia-se de todos os lados. — "Vamos para o Braz, minha gente! Vamos para o carnaval". Mais tarde um pouco, e o carnaval da cidade se resumia effectivamente no Braz.

Deixámos o carnaval das ruas. Fomos aos bailes. Em todos, muita alegria. Commemorativa alegria. Deveras, alegria. O carnaval paulista é o baile á fantasia. Ahi é que se diverte a valer. Lança-Perfumes. Serpentinas. Troça. Na Sociedade Hippica Paulista, no Clube Commercial, na Sociedade Harmonia de Tennis; no "Nosso Rinque"; no Odeon; no Germania, e em todos os outros salões, em todas as sociedades, o paulistano dansou. Divertiu-se... Os "jazz" estrugiam aos ares. Sambas e cateretês, acompanhados pelas canções da hora. Rodopios.

E, assim, na vespera e no primeiro dia de carnaval, em S. Paulo, apezar da má vontade da Prefeitura, foram animadissimos os festejos a Momo, esperando-se que hoje, como amanhã, a alegria impere decididamente. Momo é imperador... Deve-se-lhe prestar vassallagem. Um pouco mais de alegria, senhores!

Bailes nos cinemas, salões e rinques

NA SOCIEDADE HIPPICA PAULISTA

Realizou-se sabbado, na séde de campo da Sociedade Hippica Paulista, ás 16 horas, o vesperal dansante á fantasia que a directoria daquella sociedade offereceu aos filhos dos socios.

Excellente "Jazz-band" abrilhantou a festa que foi encantadora, em vista do successo alcançado.

CLUBE COMMERCIAL

Revestiu-se de grande brilhantismo o baile á fantasia organizado pelo Clube Commercial, que se realizou no Salão Ramos de Azevedo, no domingo de Carnaval.

NO CASINO ANTARCTICA

Hoje é o segundo baile da série com que a empresa brinda os seus frequentadores. E certamente o pessoal que se diverte comparecerá em homenagem a Momo.

NO COLOMBO

O Colombo abre as suas portas para o terceiro dos seus grandes bailes, abrilhantado por uma grande banda, que executará tudo o que é novidade em marchas e sambas carnavalescos.

NO MOINHO DO JÉCA

Quatro bailes carnavalescos offerece a empresa do Moinho do Jéca aos foliões de S. Paulo, com o concurso dos Fenianos, Argonautas, Veteranos e os elementos da Companhia Margarida Max-Mesquitinho.

S. M.

Ao som de flautins e violas
Surgiu elle, entre donzeis!
E transformou as escolas
Em casas de dois mil reis . . .

C. D. R. ROYAL

O C. D. R. Royal, bamba, batuta, etc., effectuará, no Republica Pallnação, hoje, o terceiro de seus quatro bailes carnavalescos, que será abrilhantado por duas bandas de musica, um jazz sertanejo, e um corpo de clarins. Os demais saraus terão lugar durante triduo dedicado a Momo.

L. C.

Foi poeta. Mas, á lyra, preferia
Empunhar o revolver e o chanfalho!
E então, num gesto heroico, introduziu
A vadiação na pasta do trabalho

Promover-se-ão concursos de cordões, ranchos, grupos e fantasias, com distribuição de premios aos vencedores. Os concorrentes, uma vez não classificados, receberão uma lembrança.

Os socios terão ingresso mediante a apresentação do recibo de fevereiro. Os convites, frizas e camarotes acham-se á disposição dos interessados, na séde social, á rua Lopes Chaves n. 31, todas as noites, das 20 ás 22,30 horas, e, durante o dia, á rua Sebastião Pereira, n. 28. Informações pelo telephone: 5-1484 e 5-1199.

CENTRO REPUBLICANO PORTUGUEZ

A directoria do Centro Republicano Portuguez vae offerecer, hoje, aos seus associados e suas familias, em sua séde, á rua Quintino Bocayuva, 76, um baile carnavalesco.

V. A. TRIANGULO

O C. A. Triangulo levará a effeito hoje e terça-feira, ás 20 horas, no salão dos altos do theatro S. Carlos, á rua Guaycurus, n. 121, dois bailes carnavalescos, com o concurso do jazz-band "Londres".

CLUBE FLORIANOPOLIS

O Clube Florianopolis, cuja séde é á rua França Pinto, realiza no seu vasto salão, bailes carnavalescos, durante o triduo de Momo.

RINQUE GUARANY

Num ambiente verdadeiramente nipponico, sem os inconvenientes da guerra sino-japoneza, (convem fazer a resalva), o Rinque Guarany dará seis grandes bailes carnavalescos, sendo quatro "soirées" e duas "matinées".

Hoje e amanhã, serão realizados grandes bailes carnavalescos, que, com certeza, marcarão época nos annaes dos folguedos deste anno.

A proposito, o Guarany apresenta-

(Continua na ultima pagina)

ALEGRIA DA AVENIDA PAULISTA — ALEGRIA DO BRAZ —

a fazer sátiras e críticas aos principais personagens políticos, assim como às acirradas disputas partidárias e às inclinações autoritárias do presidente. Além de Getúlio, tornaram-se protagonistas de suas sátiras Adhemar de Barros, Eduardo Gomes, general Góis Monteiro e Luís Carlos Prestes.

No início de 1932, Belmonte colaborou pelo menos duas vezes por semana com uma charge na capa do jornal, entre janeiro e maio. Nesse período, vários retratos que ele fizera de políticos da República Velha, como Washington Luís, foram republicados na *Folha da Manhã*. Por ele ter criado vinhetas e cartuns com os políticos fantasiados, seus desenhos tornaram-se uma das grandes sensações do Carnaval daquele ano. Também causou impacto a série "Os filmes da semana", a partir de 4 de junho, em que o ilustrador se inspirava nos sucessos das telas de cinema para ridicularizar o mundo político. Em outra série de sucesso da época, "As grandes cenas bíblicas", ele representava Getúlio ora como profeta populista, ora como tirano da Roma antiga. Ambas as séries duraram vários anos na *Folha da Noite*.

Nos meses em que se desenrolou a Revolução Constitucionalista, de julho a outubro de 1932, os trabalhos de Belmonte apareceram de forma intermitente no jornal. Em 9 de julho, data oficial do início do movimento, foi publicada uma tira com ataques a Getúlio. O ilustrador só retornou ao diário em 13 de julho, com um desenho no canto direito da primeira página, também com críticas ao presidente.

CONFUSÃO DRAMÁTICA

O cessar-fogo entre as tropas paulistas e as do governo federal ocorreu em 1º de outubro. No entanto, apenas no dia 14 desse mês uma ilustração de Belmonte voltou a ser publicada. Dias depois, proibido de fazer referências ao movimento paulista e a Getúlio, ele sumiu mais uma vez, até 14 de dezembro, quando reapareceu com uma charge protagonizada por Juca Pato. Publicou outra em 7 de fevereiro de 1933 e nada mais nos meses seguintes. Seus desenhos, porém, continuaram a sair na *Folha da Manhã*, no "Suplemento Dominical", um caderno de cultura e entretenimento lançado em 27 de novembro de 1932, onde ele se dedicava a ilustrações históricas e às aventuras de "Bastinho e Bastião", uma HQ para crianças.

O fracasso da revolução paulista deixou marcas fortes em Belmonte. E a sensação de derrota ampliou-se com a censura imposta às *Folhas* e a ele. Durante todo o ano de 1933, Belmonte publicou apenas um ou dois cartuns por mês, quando, antes, sua média era de cinco por semana. Em novembro, lançou pela Companhia Editora Nacional a coletânea *Assim falou Juca Pato*, que tinha como subtítulo "Aspectos divertidos de uma confusão dramática". Como a produção do chargista ficou mais escassa com a censura, o jornal criou uma seção, "A caricatura estrangeira", onde publicava material comprado de agências de notícias internacionais.

Em 1934, a imprensa paulista começou a respirar um pouco mais livremente. Belmonte, então, deixou de lado os problemas da cidade para, mais uma vez, focar suas críticas, com cautela, na figura de Getúlio Vargas. O segundo aniversário da Revolução Constitucionalista foi lembrado na *Folha da Noite* com ilustração na capa do jornal, de página inteira, feita pelo artista, sem nenhum texto explicativo, mas com símbolos que aludiam à glória e ao orgulho do povo paulista – inclusive um militar com um livro intitulado *Lex* ("lei", em latim).

Belmonte desenharia Getúlio novamente em algumas poucas ocasiões, como em 2 e 5 de outubro

Primeira página da *Folha da Noite* de 8 de fevereiro de 1932 traz notícias e imagens do Carnaval, com caricaturas, feitas por Belmonte, de políticos fantasiados.

de 1937, sempre em viés muito crítico. Em 27 de outubro, treze dias antes do golpe que instituiu a ditadura do Estado Novo, a censura caiu novamente sobre o ilustrador e ele foi proibido de fazer qualquer referência ao presidente e ao novo regime. Para não se calar inteiramente, publicou uma tira enigmática que lembrava um livro de alfabetização: "Eu vi o gato/ Maria tem o gato/ Eu vi o rato". Nunca explicou o sentido, mas, pelas figuras do gato e do rato, ela sugeria os temas da opressão e perseguição – em seu caso, a censura.

DEMOCRACIA EM RISCO

Em 5 de novembro de 1937, Belmonte fez uma charge em que Juca Pato lia trechos da Constituição dos Estados Unidos tendo a Estátua da Liberdade ao fundo. Era sua resposta ao anúncio de uma série de medidas que colocavam em risco a democracia no país. Na manhã do dia 10, Getúlio fechava o Congresso e promulgava uma nova Constituição, instituindo com ela um governo ditatorial.

Ainda que estivesse sob censura, Belmonte encontrava meios inteligentes para se expressar. Em 27 de novembro de 1937, cutucou a ditadura, ao saudar o povo argentino por eleger democraticamente seu novo presidente.

Nos arquivos da *Folha de S.Paulo* restou somente uma charge com o carimbo da censura proibindo sua veiculação e que permaneceu inédito por quase oitenta anos, até a publicação deste livro [veja na página ao lado]. Na cena, Getúlio Vargas diz a um repórter: "Em São Paulo, espero rever meus amigos de 1930".

Censurado, o ilustrador encontrou um modo inusitado de mostrar que não podia criticar Getúlio: publicou tiras com charadas [27 de outubro de 1937] e uma charge em que Juca Pato aparecia fazendo tricô [19 de outubro de 1937].

É provável que o censor do Departamento de Imprensa e Propaganda (DIP) tenha pressentido na frase a insinuação de que o presidente teria traído os companheiros paulistas de revolução, ao se fazer ditador.

O artista precisou esperar até a queda de Getúlio, em outubro de 1945, para voltar a fazer do presidente um personagem de seus desenhos. Em 30 de outubro de 1945 e também dois dias depois, investiu com toda força contra quem o oprimira por tanto tempo. Recorreu a Juca Pato para denunciar os abusos de Getúlio na transição para a democracia – processo ao fim do qual seria eleito presidente, em dezembro de 1945, Eurico Gaspar Dutra (1883-1974). Apesar da tuberculose que destruía os pulmões de seu criador, Juca Pato voltava revigorado.

Durante o Estado Novo, embora fosse vítima da censura, Belmonte cometeu uma aparente incoerência em sua trajetória pessoal e profissional sobre a qual jamais deu qualquer explicação.

Além das atividades e dos compromissos como ilustrador nas *Folhas*, a partir de 1941, e durante cinco anos – o mesmo período em que foi proibido de falar sobre o ditador brasileiro –, ele acumulou o cargo de redator no Departamento Estadual de Imprensa e Propaganda (DEIP) de São Paulo, criado em 1939 e com atribuições muito parecidas com as do DIP. O artista foi levado ao DEIP pelo escritor Cassiano Ricardo, seu amigo de longa data – informação que consta de seu obituário, publicado na *Folha da Manhã* em 20 de abril de 1947.

Cartum inédito censurado, com crítica a Getúlio Vargas, sem data. Dos desenhos de Belmonte censurados durante o período getulista, esse é o único cujo original se encontra até hoje preservado no acervo da *Folha de S.Paulo*.

25.4.1931

No segundo ano do governo Vargas, Belmonte reage ao modelo de comércio estabelecido entre Brasil e Estados Unidos, bem como à atitude beligerante de Getúlio em relação ao Tio Sam.

CAFÉ
GAZOLINA
CARVÃO
MAQUINISMOS
BELMONTE

6.1.1934

Outra boa ideia de Belmonte: usar os sucessos do cinema para satirizar episódios da vida política brasileira, na série "Os filmes da semana".

"A BELLA SELVAGEM"

3.2.1934

Getúlio Vargas era sempre o protagonista de "Os filmes da semana", encarnando divas, heróis, vilões, personagens galantes e até musas selvagens.

1º.3.1934

O contundente cartunista da *Folha da Noite* critica a inclinação ditatorial de Getúlio Vargas, que, de 1930 a 1934, ocupou o posto máximo do chamado governo provisório.

2.3.1934

Belmonte ironiza a aparente democratização do país em 1934, após as eleições indiretas de Getúlio para presidente. À esquerda, a imprensa amordaçada, pois se encontrava sob censura.

18.5.1934

Como Moisés com os hebreus, Getúlio conduz seus aliados à terra prometida da política nessa charge da série "As grandes cenas bíblicas".

As grandes scenas biblicas

Aarão offerece seus thesouros ao seu idolo

22.5.1934

Getúlio faz suas oferendas ao deus Povo, que, desconfiado, afirma que as "joias" não passam de bijuterias de uma famosa loja da época, a Casa Sloper.

26.5.1934

A Assembleia Constituinte de 1933-4 elege Getúlio para o primeiro posto da nação e, prestes a encerrar seus trabalhos, leva-o para conhecer sua prometida, a Presidência da República, interpretada por Greta Garbo, a maior estrela da época.

5.1.1935

Belmonte desconfiou da intenção de Getúlio em cumprir à risca a nova Constituição brasileira e chamou a relação entre ambos de "casados de mentira", título de um filme da época.

8.1.1935

Getúlio reclama que os credores estrangeiros do Brasil tenham vindo tão cedo, em 1935, e não em 1938, quando, pressupunha-se, terminaria seu mandato presidencial. Em 1937, ele implantou a ditadura do Estado Novo.

2.2.1935

Outro momento memorável da série "Os filmes da semana" trata das limitações impingidas a Getúlio pela Constituição de 1934 e de seus flertes com a ditadura, que puxa pela mão alguns ratos e é acompanhada pelo pássaro Câmbio Negro.

EM PLENA LOUCURA!

2.3.1935

Getúlio Vargas e seus aliados aproveitam o Carnaval, e o chargista ironiza a mixórdia ideológica da elite política.

OS FILMES DA SEMANA

"FOLIAS DE ESTUDANTES"

9.3.1935

Para Belmonte, Getúlio não levava a sério os graves problemas por que passava o país, como as disputas políticas violentas em estados do Norte e Nordeste, apesar do apelo desesperado de seu ministro da Guerra, Góis Monteiro.

Vae ser creado o Ministerio

16.3.1935

Belmonte inventou um verdadeiro *vaudeville* para criticar a ideia da criação de um Ministério da Propaganda pelo ufanista governo Vargas, o que se concretizaria em 1939, com a implantação do Departamento de Imprensa e Propaganda (DIP) e com outras iniciativas repressoras.

"E' necessario, então, saber: DEVE UM GOVERNANTE SER AMADO OU TEMIDO? Seriam preferiveis ambas as cousas. Mas, como isso é difficil, posso affirmar que, a prevalecer uma dellas, é preferivel ser temido a ser amado". (Macchiavel — "O Principe", cap. XVII)

2.1.1936

Em charge de forte impacto, Belmonte retrata Getúlio e seus instrumentos de controle e poder. Embaixo, apenas uma citação de Maquiavel: "Deve um governante ser amado ou temido?".

2.10.1937

Getúlio é apresentado ao gigantesco déficit das contas públicas do país, na última charge do presidente feita pelo ilustrador antes do golpe que instituiria a ditadura do Estado Novo, em 10 de novembro.

20.11.1940

Não é de hoje que o cinema brasileiro vive à beira do precipício e espera ser salvo pelas mãos benevolentes do Estado, como mostra Belmonte nessa charge.

22.8.1942

Apesar de ser um crítico feroz de Getúlio, Belmonte apoiou a decisão de engajar o Brasil na guerra contra o nazifascismo, não sem dar uma cutucada no ditador, com a ajuda do personagem Juca Pato.

27.10.1945

Belmonte retrata a ansiedade dos políticos com a proximidade das eleições de 1945 e o fim do governo Vargas. Dois dias depois da publicação da charge, em 29 de outubro, porém, o presidente foi derrubado por um golpe militar, antes mesmo de encerrar seu mandato.

- Como é, seu Marcondes? Será que o foguista tem carvão para sair?
- Não sei. Mas o pessoal que veio ao embarque diz que está disposto até a empurrar o trem...

29.11.1945

Mesmo afastado do poder, Getúlio não desapareceu dos desenhos de Belmonte, que aqui revela como a situação do país foi mascarada pela propaganda varguista.

WASHINGTON — **Diabo! Estou vendo que, se não voltar depressa para o Brasil, acabarei não voltando mais...**
(Da "Folha da Noite", de ontem)

7.12.1945

A charge expressa a difícil transição da ditadura para a democracia, com a figura onipresente de Getúlio, agora tentando pegar carona com o presidente eleito, Eurico Gaspar Dutra.

31.12.1945

No último dia de 1945, dois meses depois da queda de Getúlio, Juca Pato debocha das rivalidades da República tocando uma modinha para inimigos políticos dançarem juntos: Getúlio e o brigadeiro Eduardo Gomes (no centro, à dir.), o líder comunista Luís Carlos Prestes com o recém-eleito presidente, Eurico Gaspar Dutra (no centro, à esq.), o presidente interino, José Linhares, e o governador de São Paulo, Adhemar de Barros (à esq.). Ao fundo, à dir., o capital e o trabalho tentam acertar os passos.

"FAÇAM O QUE EU DIGO..."

"Penso que a escassez de generos se deve à diminuição da produção Temos que aumentá-la."
(Da entrevista de Getulio Vargas)

— E que fez o senhor, no seu governo, para aumentar a produção?

— Nada. Mas você compreende, "no curto espaço de 15 anos", não houve tempo

4.6.1946

Com Getúlio Vargas fora do poder, Belmonte podia retratá-lo sem temer a censura e continuou a fazê-lo mesmo depois de vários meses da derrubada do ditador, que se refugiara em São Borja (RS).

O INIMIGO BRASILEIRO DE HITLER

3

Durante os seis anos que durou a Segunda Guerra Mundial (1939--45), raros foram os dias em que a *Folha da Noite* deixou de publicar na primeira ou na última página do primeiro caderno uma charge de Belmonte sobre o conflito. Até então, nenhum jornal brasileiro tinha valorizado tanto o humor gráfico em sua capa e nenhum chargista brasileiro se interessara em satirizar de maneira tão obstinada o ditador alemão Adolf Hitler e o nazismo.

Antes mesmo que a guerra estourasse, Hitler e seus asseclas já vinham sendo alvos preferenciais do humor de Belmonte. A primeira alusão ao nazismo apareceu em uma charge de 2 de janeiro de 1934, em que um paciente do Hospital Psiquiátrico do Juqueri implorava a Deus para proteger os homens de tudo que os fazia perder o juízo, como o nazismo, simbolizado pela suástica. Em 19 de março de 1935, o cartunista publicou a primeira charge com a imagem de

Caricaturas de Hitler e Mussolini publicadas na *Folha da Manhã* em 2 de janeiro de 1935 e 3 de janeiro de 1934, respectivamente.

Hitler, representado como um criminoso armado até os dentes que a França, uma mulher igualmente armada, denunciava à Liga das Nações. Ao longo de 1936, o ditador alemão contracenou várias vezes com Juca Pato.

Devido à escalada dos conflitos entre as nações europeias, que levava as preocupações com a guerra às manchetes dos jornais, e à censura do Estado Novo, Belmonte passou a se dedicar cada vez mais à política internacional e aos ataques a Hitler e Mussolini. Charges com um e outro começaram a se suceder de maneira implacável nas páginas da *Folha da Noite*, protagonizadas também por outros líderes internacionais, como o marechal Philippe Pétain, presidente da França, Francisco Franco, ditador da Espanha, Hiroíto, imperador do Japão, Winston Churchill, primeiro-ministro do Reino Unido, Franklin D. Roosevelt, presidente dos Estados Unidos, e Josef Stálin, líder da União Soviética, um de seus personagens preferidos.

No Brasil, não eram poucos os simpatizantes do nazifascismo naqueles anos em que o próprio Getúlio Vargas se inclinava visivelmente para o lado da Alemanha e do Eixo. Esses partidários locais de Hitler e Mussolini ameaçaram Belmonte algumas vezes.

O pior ataque, porém, veio do Consulado do Japão em São Paulo, que se sentiu ofendido com a irreverência do ilustrador para com Hiroíto. Em janeiro de 1941, por pressão dos japoneses, Belmonte foi proibido pelo DIP de fazer caricaturas do imperador. A pressão contra o artista foi tamanha que entre 22 de janeiro e 7 de fevereiro nenhum desenho seu foi publicado.

GATO E RATO

Depois de tensa negociação da direção do jornal com o Conselho Superior de Censura, sua volta foi autorizada pelo DIP, e Belmonte deixou registrado para o leitor, nas primeiras páginas dos dias 8 e 10 de fevereiro, no lugar dos cartuns tradicionais, quadros com figuras e frases infantis, como "Maria viu o gato" e "O gato viu o rato", um recurso ao qual passara a recorrer sempre que era vítima da censura, como fez em outubro de 1937 [veja na p. 56].

Durante um bom tempo, Belmonte foi obrigado a substituir em suas charges Hiroíto por um soldado japonês qualquer. E Adolf Hitler também saiu de cena, dando lugar, por um período, a um alemão genérico e obeso.

O tirano nazista retornou em 3 de julho, mas desapareceu novamente, por nada menos que nove meses, voltando apenas na edição de 6 de março de 1942, depois de Getúlio ter rompido com os países do Eixo (em 28 de janeiro). Em 15 de julho, quando era praticamente certo que o Brasil entraria na guerra contra o nazifascismo, Hitler ressurgiu no jornal e não deixou mais o centro do "palco" de Belmonte. Embora o país permanecesse em uma ditadura e a censura continuasse vigilante, o chargista obteve liberdade para maltratar os inimigos alemães, italianos e japoneses.

Em 11 de fevereiro de 1943, Belmonte publicou na primeira página da *Folha da Noite* a carta aberta "Obrigado, Dr. Goebbels!" [leia na p. 21], em que revelava que o ministro da Propaganda nazista havia mandado que o atacassem na rádio alemã DNB.

A história poderia ser apenas boato ou invencionice. Porém, dois anos depois, na edição de 1º de fevereiro de 1945 da revista *Vamos Ler!*, o artista voltou a rebater novas críticas que teriam sido feitas a ele na rádio nazista: "Esta segunda contraofensiva da emissora de Berlim contra mim é apenas uma prova de que os comentaristas da [rádio] DNB andam atrapalhadíssimos com a falta de assunto".

2.1.1934

Primeira charge em que Belmonte tratou do nazismo, ao desenhar a suástica entre os sinais de loucura da humanidade, bem como a foice e o martelo que simbolizam o comunismo.

-SENHOR! NO SAGRADO DIA DE HOJE, PROTEJEI OS HOMENS DE JUÍZO, QUE NÓS, MALUCOS, NOS PROTEJEMOS A NÓS MESMOS!
JUQUERY
BELMONTE

19.3.1935

A França dirige-se ao "policial" da Sociedade das Nações (ou Liga das Nações) pedindo a prisão de Hitler; junto a ela, a Inglaterra, a Suíça, os Estados Unidos e a União Soviética, todos eles bem armados.

— *Seu guarda! Prenda aquelle sujeito! Elle está armado!!...*

Aspectos das confusõ
AI! VOCÊ ESTÁ ME MACHUCAN-DO!!
PACIENCIA! EU, QUANDO AMO, SOU ASSIM MESMO...
COMMUNISMO
CATALUNHA
Hespanha
YÁ P'RO BRASIL, SALOMÃO!
Palestina

19.6.1935

Belmonte trata dos principais problemas mundiais em quatro quadrinhos: o avanço dos comunistas na Espanha, os flertes da França do marechal Pétain com a Alemanha nazista, os conflitos com judeus na Palestina e os planos de Hitler para a Áustria, diante da indiferença da Itália fascista, mais preocupada com suas ambições sobre a Abissínia (Etiópia), que Mussolini invadiria em outubro.

3.6.1939

Diante de Hitler e do primeiro-ministro britânico, Neville Chamberlain, o ditador Josef Stálin coloca em leilão o apoio da União Soviética, às vésperas do início da Segunda Guerra, que estouraria em setembro.

11.1.1940

Hitler dividido entre o apoio de Mussolini e o de Stálin, com quem fizera um pacto de não agressão em 1939 e que seria rompido em 1941.

25.10.1940

Uma das maneiras preferidas de Belmonte retratar Hitler era como maestro atrapalhado, que aqui convoca o ditador espanhol Francisco Franco para um "terceto", ao lado de Pierre Laval, primeiro-ministro da França ocupada, e de Mussolini.

AS GRANDES CENAS BÍBLICAS

JOSE' (JUCA) DECIFRA OS SONHOS DO FARAÓ — As sete vacas gordas que viste representam os dias que se foram. Agora vai começar o teu tempo das vacas magras! ("Gênese")

31.12.1942

A Segunda Guerra levou Belmonte a empurrar Juca Pato de sua vida provinciana para o palco dos grandes eventos mundiais. Em cartum da série "As grandes cenas bíblicas", o personagem decifra os sonhos do "faraó" Hitler, rodeado por Franco [abanando o leque], pelo marechal nazista Hermann Goering [de pé], por Mussolini [sentado no meio] e por Pétain [ao fundo].

CINCO FASES DE UMA VIDA
1932
1933
1939
O MESSIAS DE MUNICH
O CHANCELER DO REICH
O GENERAL DA "BLIETZKRIEG"

2.2.1943

Dois anos antes do fim da guerra, Belmonte já retratava o declínio de Hitler, ao mapear as diferentes fases de seu humor, de 1932 a 1943, quando os Aliados impuseram duras derrotas aos nazistas.

GOERING — Antes de iniciar meu discurso, desejo avisá-los de que se alguem estranhar a ausência do nosso "fuehrer" e quiser saber onde ele anda, será considerado como judeu e passado pelas armas!

4.2.1943

Com sua contundência habitual, o ilustrador denuncia o antissemitismo nazista e a idolatria a Hitler.

O GOL DE STALINGRADO

5.2.1943

Belmonte utilizou com frequência o jogo de futebol para tratar das vitórias e derrotas na Segunda Guerra. Aqui, ele celebra a vitória dos soviéticos sobre os nazistas na Batalha de Stalingrado.

NO MUSEU — O sorriso encabulante da Gioconda

30.4.1943

Depois da vitória dos soviéticos na Batalha de Stalingrado, Josef Stálin lança um "encabulante" sorriso de Mona Lisa aos nazistas, para a alegria de Winston Churchill, primeiro-ministro do Reino Unido, e Franklin D. Roosevelt, presidente dos EUA.

19.5.1943

Hitler, comparado por Belmonte a Quixote, por sua loucura, e Mussolini, a Sancho Pança, caem do cavalo, com o avanço dos Aliados contra o nazifascismo.

A HORA DO "PENALTY"

2.6.1943

O infeliz goleiro Hitler prepara-se para um duro ataque de pênaltis dos craques Franklin D. Roosevelt, Winston Churchill, Josef Stálin e Charles De Gaulle, líder da Resistência Francesa, enquanto Mussolini se agarra à trave.

5.6.1943

Depois de Hitler, foi Joseph Goebbels, ministro da Propaganda, o nazista mais atacado pelo ilustrador. Nessa charge, ele ajuda seu líder a proteger a Alemanha da iminente invasão dos Aliados.

15.10.1943

Mussolini, o outro asno a serviço de Hitler, na observação de Belmonte; ao fundo, os ladrões da roda, Roosevelt e Churchill.

— E fiquem sabendo que resistiremos até o último homem!
— Até o último, não. Até o penúltimo...

4.4.1944

O brado heroico de Goebbels é ridicularizado por Belmonte, que aproveita para também desmoralizar Hitler.

7.8.1944

Com o avanço das tropas soviéticas no Leste, o ditador nazista vira um reles fósforo para acender o cachimbo de Stálin.

Drang·nach·Osten
und
ch·höllen!

25.8.1944

Após a libertação de Paris, Hiroíto, Hitler e Mussolini, líderes do Eixo, assistem à ópera *O crepúsculo dos deuses*, de Richard Wagner, e veem seus exércitos retornarem como caveiras sinistras.

16.11.1944

Nessa charge, o ilustrador aposta no presidente Franklin D. Roosevelt e nos Estados Unidos para colocar ordem no mundo, já quase no final da guerra.

17.11.1944

Belmonte antevê as consequências do avanço soviético no Leste Europeu, no final da Segunda Guerra.

4

O ESCRITOR--CRONISTA

A trajetória de Belmonte como escritor de crônicas e contos na imprensa teve início no final de 1925, mesmo ano em que Juca Pato surgiu. A experiência começou de modo descompromissado e com longos intervalos, até que os editores perceberam que o cartunista, por ser tão ágil na escrita quanto no desenho, poderia ser um bom colaborador para as edições de fim de semana. Na *Folha da Noite* e, depois, na *Folha da Manhã*, Belmonte escreveria crônicas, longos ensaios (principalmente sobre a história de São Paulo) e até contos.

Suas crônicas agradavam tanto que, frequentemente, o editor Francisco Pati, jornalista e poeta que, no final da década de 1920, substituiu Paulo Gonçalves na secretaria de Redação da *Folha da Noite*, parava o desenhista no corredor e implorava: “Estou precisando de texto para tapar uma coluna, Belmonte. Você não quer me socorrer?”. Belmonte se limitava a perguntar: “Crítica de pan-

Primeira edição do livro *Ideias de João Ninguém*, de 1935, pela Livraria José Olympio Editora, a mesma que publicava Jorge Amado e José Lins do Rego.

cadaria ou coisa séria?". Pouco mais de meia hora depois, o secretário de Redação recebia o texto, sempre feito à mão: "Uma página escrita com leveza e graça, um comentário às atitudes legislativas do saudoso deputado por Mogi das Cruzes Deodato Wertheimer ou uma advertência ao então prefeito da capital, Pires do Rio, ou um *fait divers* posto ao alcance da curiosidade popular", listou seu biógrafo, Nelson Vainer, colega de redação na *Folha da Noite*. Para servir de assinatura a alguns dos textos, Belmonte criou um pseudônimo adequado a seu temperamento e estilo: José Falapouco.

O que nem mesmo os colegas de redação sabiam era que, desde a publicação de seus primeiros cartuns, em 1914, ele também se dedicava à escrita de contos, embora costumasse dizer que a ficção não lhe interessava. Apesar disso, publicava, de vez em quando, um conto leve e breve em revistas literárias dos amigos, com sua marca registrada de humor e sentimentalismo e o estilo simples e claro, acessível a todos os seus milhares de fãs.

O MUNDO AO AVESSO

As crônicas rendiam cartas entusiasmadas dos leitores. Para atender à insistência dos amigos, Belmonte publicou pela Companhia Editora Nacional, em 1933, o livro *Assim falou Juca Pato*, com crônicas, contos e anedotas sobre São Paulo e o Brasil naqueles tempos de instabilidade política e tanto atraso econômico. Na apresentação, ele definiu a coletânea como uma reunião de "aspectos divertidos de uma confusão dramática", frase que também serviu de subtítulo ao volume. E acrescentou que, enquanto o mundo virava pelo avesso, tomado por ideias extremistas, "eu, que, inexplicavelmente, também virara jornalista , ia, diariamente, escrevinhando crônicas na *Folha da Noite* e registrando os disparates que passavam ao alcance da minha pena".

Dois anos depois de *Assim falou Juca Pato*, Belmonte juntou outras 59 crônicas publicadas entre 1933 e 1934 no volume *Ideias de João Ninguém*, com 231 páginas e ilustrações dele mesmo.

O livro foi lançado pela Livraria José Olympio Editora, criada em 1931 no Rio de Janeiro e que vinha se destacando no cenário editorial do país com a publicação de autores regionalistas, como Jorge Amado e José Lins do Rego, entre outros.

João Ninguém foi um dos personagens criados por Belmonte, mas que, como Giloca, Conegundes e Inácio Currupira, outras invenções do ilustrador, teve vida efêmera, ofuscado pela popularidade de Juca Pato.

No curto prefácio ao livro, o artista explicou que *Ideias de João Ninguém* trazia "artiguetes escritos *currente calamo* ["às pressas", em latim], como é de hábito, e de obrigatoriedade irrecorrível, escrever-se no ambiente tumultuário das redações. Nem por isso, viram-se eles na contingência melancólica de se remeterem ao esquecimento total, pois as transcrições que se fizeram de muitos deles, bem como as traduções a que inúmeros foram submetidos, para o italiano, o inglês e o alemão, levaram o autor à conclusão de que devia reincidir no débito de publicar um livro".

OLHOS ABERTOS

Agripino Grieco foi o primeiro crítico literário a escrever sobre *Ideias de João Ninguém*, embora, em seu comentário, tenha dado mais ênfase aos desenhos de Belmonte: "O querido Belmonte da Pauliceia é um dos nossos grandes caricaturistas, talvez o maior caricaturista do Brasil, na hora que passa. Sendo da estirpe dos Caran d'Ache e possuindo, ao mesmo tempo, parentesco com Walt Disney, sabe historiar, pelo burlesco, os sucessos políticos, de modo a fazer pensar os adultos, e sabe tecer os mais engenhosos desenhos animados que põem os garotos de olhos desmesuradamente abertos para as suas figuras".

Nelson Vainer lembrou que, como jornalista, "Belmonte escolheu a crônica, que exigia perspicácia, cultura e um dom especial para dizer tanta coisa em tão poucas linhas".

Nesses textos curtos, o cronista tinha o mérito de ser sempre independente, sincero. "Sem bajular amigos poderosos ou lisonjear os homens, tinha suas opiniões próprias, seguia somente a corrente dos seus próprios pensamentos, e o que mais importa – homem íntegro e probo, jamais se deixou corromper", escreveu Vainer.

ATÉ O AMOR

Folha da Noite,
16 de junho de 1932

Tenho escrito nestas colunas, vezes sem conta, que tudo neste século desnorteante está virado pelo avesso.

Em política, é isso que se vê por aí afora: uma integral subversão de valores e de ideias, uma absoluta e irrefreável insubordinação de espíritos, cada um querendo falar por todos, e todos berrando os seus ideais – porque nesta era de largas conquistas políticas e sociológicas, cada cérebro possui uma ideia diferente, de cada conversa surge um manifesto, de cada discussão aparece um programa e de cada grupinho brota um partido. É bastante dois cidadãos patriotas se encontrarem à mesa de um café e notarem por um fenômeno inexplicável que suas ideias políticas são iguais para que redijam ali mesmo um "menu" sociológico, com todos os acepipes indispensáveis para salvar a pátria, e façam publicar o sensacional cardápio nos jornais, à espera de clientes. Daí a impunidade com que vão surgindo, em todo mundo, partidos em todos os estilos, condimentados com os mais prolixos temperos, aptos a agradarem os paladares mais exigentes: partido socialista, partido social-democrata, social-nacionalista, social-republicano, republicano-socialista, radical-comunista, conservador-socialista, republicano-radical, radical-racista, meio-republicano-meio-fascista etc., etc.

A lista completa iria longe! Porque, enquanto alguns cidadãos fundam, por exemplo, o partido social-democrata, outros cidadãos fundam o partido democrata-social; à primeira vista pode parecer que os programas de ambos sejam idênticos, uma vez que, em política como em matemática, a ordem dos fatores não altera o produto. Mas é um engano. Ambos possuem programas completamente antagônicos, tanto que vivem constantemente às turras. Programas diferentes possuem também o partido republicano-socialista e o socialista-republicano e, quando um político funda um partido radical-nacionalista, o seu vizinho funda o partido democrata-comunista, enquanto o amigo ali da esquina lança as bases do partido republicano-monarquista ou do clube fascista-comunista.

Creio que todo o mundo deve andar satisfeito com o transbordante entusiasmo cívico que leva os povos modernos a se dividirem em partidos, a se subdividirem em legiões e a se multiplicarem em clubes. A prova é que os dicionários andam tontos para fornecer palavras com que se possam batizar convenientemente as agremiações partidárias que estão surgindo e que, se Deus quiser, continuarão a surgir até o fim dos séculos, para complicar cada vez mais a atribulada vidinha dos cidadãos votantes. Aliás, no espantoso crescendo com que a epidemia de partidos vai se alastrando, o mundo ainda vai acabar sem eleitores porque, no futuro, só haverá candidatos...

Enquanto a questão política vai indo assim, a questão econômica seguiu-lhe o encalço e acabou se transformando numa ciência complexa, confusa, inextricável, de tal forma que os seus princípios se tornam, cada vez mais, inadaptáveis às exigências da realidade. Há economistas que, desalentados ante os contínuos desencontros entre as lindas teorias das escolas utilitárias socialísticas, psicológicas e os insolúveis apertos do comércio; desiludidos ante o ininterrupto deflagrar de apavorantes crises econômicas, apesar dos santos remédios preventivos e curativos que não são mais do que simples teses doutrinárias; os desesperados economistas vendem os braços inúteis e apelam para as cartomantes e os videntes – ou vão a uma igreja implorar o auxílio dos santos e esperar um milagre dos céus...

E lá se vai o mundo por um despenhadeiro! Isso, porém, não teria importância, se nós não fôssemos com ele, de roldão, nessa degringolada desagradável. Nós e, logicamente, as mulheres também. Até elas sentem a influência estuporante desta reviravolta sensacional e, como não se intrometem nas questões políticas, estão amando agora de uma forma absolutamente imprevista. Até algum tempo atrás, por exemplo, o homem que representava o tipo ideal para as mulheres era Rodolfo Valentino. Aquele físico delgado, aquelas feições finas e, principalmente, aquele olhar mórbido e aquele todo romântico eram bem a síntese do "príncipe encantado" com que todas as moças sonham. Mas Valentino morreu. E ficou Ramón Novarro, o pálido Ramón das serenatas de amor ao luar, dos balcões floridos e dos beijos castos, o irresistível Ramón que, na opinião das suas admiradoras, era uma verdadeira "gracinha".

Hoje, porém, tudo mudou. E o ídolo das plateias femininas, aqui como em toda parte, é apenas um sujeito feio chamado Clark Gable.

Por quê? Apenas porque Gable ama às brutas, isto é, ama como homem e não como "príncipe encantado".

E é apenas nesse ponto que eu estou de acordo com o "espírito revolucionário" deste século. Porque, afinal de contas, um homem é um homem e, depois, nem a polícia permite mais que se façam serenatas sob balcões floridos...

OS SALVADORES

Folha da Noite,
17 de novembro de 1932

Uma leitora gentilíssima – aliás, todas as leitoras são gentilíssimas – escreveu-me uma carta, ontem, achando muito interessantes e, principalmente, muito engraçados os disparates que escrevo aqui, mas lamentando que eu não contribua com a minha pena para o reerguimento político e econômico do Brasil. Julga-me um "negativista", pois faço pilhérias sem apresentar alvitres e ela acha que isso é um mal.

Vamos por partes.

Primeiro: eu não faço pilhérias. Escrevo estas notas, habitualmente, com a maior seriedade deste mundo. Os assuntos sobre os quais escrevo é que são, em via de regra, cômicos. E a culpa disso, evidentemente, não é minha...

Segundo: "negativista" é o homem que nega tudo. Ora, eu não sou, como se sabe, esse homem. Não nego coisa alguma; antes afirmo. Afirmo que tudo isto está errado e que...

Já sei. Aqui é que minha gentil leitora exclamará:

— Afirma que está errado, mas não faz nada para corrigir esses erros.

Ai de mim! Eu não sou, infelizmente, um homem miraculoso. Sou apenas um pobre-diabo que rabisca disparates. Não sou ditador. Nem interventor. Nem juiz de paz. Nem suplente de delegado. Que poderia fazer para salvar a pátria da anarquia?

— Escrever! Semear ideias sadias! Congregar classes! – responder-me-á.

Mas, por Deus! Escrever! Não tenho feito outra coisa. Semear ideias! Para quê? O máximo que eu conseguiria seria formar, em torno de mim, um grupo – ou uma multidão – que pensasse com as minhas ideias. Isto é, eu iria, imprudentemente, formar mais um partido.

E sabe a gentil leitora o que é "mais um partido"? Um desastre a mais...

Porque, afinal de contas, o que tem arruinado o mundo, o que o vai arrastando para a anarquia integral é justamente isso: o excesso de ideias, o excesso de grupos, de facções, de seitas, de clubes, de legiões de partidos... As populações do mundo estão divididas, cindidas, subdivididas; cada indivíduo que pensa, pensa que os outros têm que pensar como ele. Como isso é difícil, formam-se grupos que se insultam, que guerreiam, que se matam, porque todos eles estão absolutamente convencidos de que só eles podem salvar a pátria. E aí é que está a calamidade: o excesso de patriotismo. Ninguém admite que o seu vizinho seja mais patriota. Cada qual se considera a expressão mais lídima do salvador da pátria. É tal ânsia de salvar as pátrias que estas, em consequência mesmo da superabundância de salvadores, vão se enterrando cada vez mais.

Se eu pudesse agir para efetivamente salvar a humanidade, far-me-ia ditador do mundo, tomaria um rabo-de-tatu e, niponicamente, poria tudo nos eixos. Mas ai de mim: não posso fazer nada disso. Não posso nem escrever o que penso porque, se o fizesse, transformaria estas notas em seção fúnebre.

Então, escrevo o que não penso. E, patrioticamente, não apresento planos para salvar a pátria.

Se todo o mundo fizesse como eu e deixasse o mundo andar sozinho, creia a minha leitora que a terra seria um paraíso. O mundo é um Éden. A única coisa que o estraga são as ideias do homem...

HITLER CHANCELER

Folha da Noite,
2 de fevereiro de 1933

Não sei se Hitler, além de suas ideias políticas, cultiva também as deliciosas artimanhas do humor. Contudo, o golpe que, silenciosamente, acaba de vibrar no conservadorismo alemão e no artificialismo da política internacional reveste-se de um sentido profundamente humorístico.

Já estou vendo daqui, nitidamente, o leitor gravebundo arregalar uns olhos pávidos, escancarar uma boca cheia de assombro e balbuciar aos seus botões: "Mas como? Então um dos mais graves acontecimentos políticos desses últimos trinta anos surge ante os olhos desse cronista fútil como um episódio revestido de humorismo?".

Peço ao leitor impressionável o obséquio extremo de não avançar juízos apressados e fáceis. Analisemos o caso sensacional, com a superficialidade que este espaço exige – se é que uma análise pode ser superficial.

Passemos por alto sobre os problemas de ordem interna que os racistas terão de enfrentar. Nesse ponto o caso se apresenta tão profundamente dramático que só em pensar nele dá vontade de chorar. Há na Alemanha, atualmente, perto de seis milhões de desocupados. São seis milhões de descontentes que não se preocupam absolutamente com fascismo ou comunismo, mas que, todos os dias, desde de manhã, se enfrentam com este problema eternamente insolúvel: comer. Eles gritaram contra o centrismo e serviram Hitler; agora, porém, gritarão contra o hitlerismo e servirão os comunistas. O estômago não conhece partidos: entre um ideal e um pedaço de pão, não há hesitação possível. Esses seis milhões de *chômeurs*[I] atuais só foram felizes no tempo do grande Império. Então, esses homens fizeram-se saudosistas e exigem uma restauração. E Hitler não teve outro remédio senão prometer-lhes o Terceiro Reich. Há, todavia, que vencer obstáculos apavorantes para chegar até ali. Entre eles, as questões de ordem religiosa, infinitamente mais cabulosas que as de ordem política. Os nazistas são luteranos; os centristas são católicos; os socialistas são calvinistas e anabatistas; os comunistas são ateus... E, como se tudo isso fosse pouco, há ainda o estuporante antissemitismo dos "nazis". O que, tudo somado, produz uma dessas coisas abracadabrantes que deixam o observador em estado completamente juqueri.[2]

Mas o lado humorístico da ascensão de Hitler ao poder está no seu aspecto internacional. Desenham-se aí, inegavelmente, perspectivas sombrias nas fronteiras alemãs com a França, a Polônia e a Tchecoslováquia; a primeira temendo uma "revanche", a segunda apavorada com a possibilidade de um golpe no famoso "corredor" ou na Alta Silésia, e a terceira receosa de uma nova complicação com o *Anschluss*.[3] Isso, contudo, não chega a chumbear a face divertida que se apresenta ao mundo na atrapalhação incrível em que se encontram as potências europeias diante da Alemanha fascista. Hitler prometeu, com efeito, rasgar o Tratado de Versalhes; rasgar moralmente, bem entendido. Se o fizer, acontecerá o que predisse um jornalista europeu: a Alemanha ver-se-á rodeada de baionetas.

Mas – e é aqui que está o caso *sui generis* –, se a Alemanha se vir rodeada de baionetas, Hitler cairá, e o poder irá parar suavemente nas mãos dos comunistas. E a Alemanha nas mãos dos comunistas é uma dessas coisas em que as potências europeias não querem pensar, nem sonhando. Seria uma tragédia do outro mundo!

Que fazer, então? Se concordarem com Hitler, a Alemanha pô-las-á num chinelo, em pouco tempo. Se não concordarem, aí está o comunismo, como um espantalho tremendo, prenunciando derrocadas francesas, italianas, inglesas, americanas...

Não sei se as potências, diante de tão estuporante e cabuloso problema, estão estudando um meio elegante de safar-se desse beco sem saída.

O que posso garantir é que Hitler, a esta hora, está gozando essa épica atrapalhação...

1 "Desempregados", em francês. [N.O.]

2 Referência ao Hospital Psiquiátrico do Juqueri, em Franco da Rocha (SP), inaugurado em 1898. [N.O.]

3 "União", "conexão", "alinhamento", em alemão. Designa, na história geopolítica da Europa, a junção da Áustria com a Alemanha, discutida desde o final da Primeira Guerra, mas só efetivada em 1938, depois da ocupação das tropas hitleristas. [N.O.]

RETRATO DO BRASIL

Folha da Noite,
10 de fevereiro de 1933

Antigamente, nos tempos torvos da República Velha, o poder estava nas mãos sujíssimas de uma gangue sinistra que dominava o país de norte a sul. O Brasil era, então, uma verdadeira caverna de Ali Babá, onde os quarenta ladrões se haviam multiplicado por mil e onde a burrice imperava em todo o seu esplendor.

A república do ornejo bracejava, pois, num mar de ignorância a mais completa, com estadistas escorceantes zurrando calinadas sociológicas tão exasperantes que, só de ouvi-las, os regeneradores das arquibancadas choravam amargamente o desmoronar sombrio de uma civilização tropical.

Todavia, dentro dessa estrebaria havia um oráculo de vastas cabeleiras românticas e arrepiada bigodeira branca. Esse oráculo solitário, que solitariamente vivia no seu retiro de pedras altas, era o orgulho e a esperança da pátria angustiada. Do seu longínquo habitat, o Sibilo sibilava soluções, alvitrava remédios, ensinava, orientava. Infelizmente, ninguém o ouvia, pois as longuíssimas e felpudíssimas orelhas dos estadistas de então só tinham ouvidos para elogios fáceis, pagos a tanto por palavra.

E a arquibancada, imersa numa dor profunda ante a absurda incompreensão ambiente, sussurrava para os seus botões:

— Se esse colosso for governo um dia...

O diabo é que o colosso não era governo.

E os anos correram assim, ornejantes e sussurradores, com o preclaro Sibilo longe do poder, chorando como Jeremias sobre as ruínas de Jerusalém, impotente para impedir o desmoronamento da pátria. Até que...

Até que, um dia, por uma dessas reviravoltas do destino, o oráculo galgou o poder.

— É agora! – bradavam os "nós queremos". — É agora! Vocês vão ver o que é um Homem!

Esperou-se o Homem.

Ele chegou. Chegou, viu e meteu ombros à tarefa. Mas a tarefa era ciclópica e exigia um Hércules, não um Sibilo. Pelo que o encanecido oráculo achou de bom aviso não fazer força. E, placidamente, foi descansar em Buenos Aires. Descansou tanto que ficou cansado de descansar. E decidiu, então, salvar novamente a pátria ameaçada pelas ideologias exóticas. Contemplou, com seu penetrante olhar de vidente extraterreno, o confuso panorama político do país e escreveu cartas apostolares. Como São João, o novo evangelista epistolou ideias miríficas às sete igrejas brasílicas. E a sua visão panorâmica enfeixou os máximos problemas da nacionalidade e, para todos, apresentou uma ideia, sugeriu um alvitre, propôs uma solução.

Diante do caos nacional, ele dogmatiza: "Porque, meus amigos, eu sempre fui fiel ao Partido Libertador".

Ante os problemas econômicos, ele escreve: "Precisamos, amigos meus, manter íntegro o Partido Libertador".

Pergunta-se-lhe como resolver a questão financeira. E ele dogmatiza: "Eu acho que não devemos cindir o Partido Libertador".

E, ante as mais graves e transcendentes questões políticas, sociais e econômicas, o Oráculo Supremo exclama: "Porque o Partido Libertador tem que ser assim...". "Meus amigos, não briguem! Conservemos a família libertadora!" "Não duvidem da minha fidelidade ao Partido Libertador!" "Porque o Partido Libertador..." "E por causa do Partido Libertador..." E Partido... E Libertador.

Senhores! Não duvidemos do oráculo! Desta vez ele salva a pátria.

ARTE MODERNA

Folha da Noite,
26 de maio de 1933

Há muita gente que considera os "artistas modernos" – e nessa classificação se incluem, principalmente, os cubistas, expressionistas, dadaístas e mais "istas" complicados –, há muita gente que considera os "pintores modernos" simples paranoicos ou malucos.

Há, evidentemente, nesse julgamento apressado, um exagero lamentável. Gênios ou malucos, celebridades ou cabotinos, não sou dos que os julgam sob esses aspectos contraditórios, porque os considero, antes de tudo, excelentes humoristas.

Cada vez que compareço a uma exposição da chamada "arte moderna", saio convencido de que os divertidos rapazes que, com tamanho desperdício de tinta, realizaram, sobre uma tela, algumas "composições" ou "desenharam" alguma paisagem não tiveram outro fito senão o de ficar escondidos atrás de uma porta e dali observarem as expressões fisionômicas dos inocentes burgueses *épatés* dentro do salão. Eu, particularmente, quando vou a um certame desses, quedo-me a olhar, mais do que os próprios quadros, as caras infinitamente pitorescas dos visitantes diante dos ângulos multicores ou das pastelarias pictóricas que se alinham pelas paredes. É um espetáculo que vale a pena ser visto.

Ainda há poucos dias fiz uma prova dessas.

Compareci a uma exposição desse gênero e postei-me perto da entrada. Entrou um casal: ele, de longo sobretudo, escandalizando a tarde, ensolarada, com um pencenê passadista e um bigodão sensacional; ela, com um incrível mantô cheio de pelos e de arminhos e, na cabeça, uma cuia de feltro negro dentro da qual se amaçarocava uma cabeleira ruiva, esfiapada e híspida como crinas de cavalo zaino. Entraram com aquelas passadas tímidas e gaguejantes de quem entra num lugar que lhe não compete. E pararam diante da primeira "escultura" – uma *Cabeça* daquele

Charge de Belmonte sobre a Semana de Arte Moderna, publicada na *Folha da Noite* em 20 de fevereiro de 1922, dois dias depois do término do evento, no Theatro Municipal de São Paulo.

divertidíssimo Brancusi: isto é, uma espécie de vaso sem boca, misto de chocolateira e de purunga em cobre, uma coisa indefinível e pitoresca que o artista, num momento de bom humor, fez para encabular os cidadãos de bigodeira e as senhoras de mantôs felpudos.

O casal parou diante da "coisa", olhou-a por todos os lados, consultou o catálogo, tornou a olhar para a cafeteira rebrilhante... Uma espécie de angústia estampava-se nos olhos pávidos dos dois. Confabularam, em cochichos. E num dado momento vi o pobre cidadão dirigir-se ao porteiro. E ouvi:

— Este catálogo está certo?

— Está, sim, senhor.

O angustiado mamífero voltou para a cara-metade. E, com a voz agônica, balbuciou:

— Diz que está certo...

— Ué! Então isto será mesmo uma cabeça?

— É... Aqui está escrito: "89 – *Cabeça*".

— Ah!

E foram para adiante, voltando os olhos, vez em quando, para se certificarem da autenticidade da informação do cardápio artístico ou talvez para verem se, de longe, a chocolateira de cobre ganharia qualquer relevo anatômico.

Resolvi sair em socorro dos visitantes.

Alcancei-os pouco adiante. E falei-lhes:

— Os senhores, pelo que vejo, não compreenderam bem a intenção daquela obra-prima...

— Com franqueza, nós...

— Já sei. É que os senhores conhecem apenas cabeças físicas, não é assim? Cabeças objetivas...

— É...

— Ora, aquilo que os senhores estão supondo que seja obra de um funileiro é uma das mais expressivas demonstrações do subjetivismo intencional que um grande artista quis dar à cabeça humana, símbolo da luz universal. O seu aspecto imaterial e extraterreno está sintetizado na pureza da linha curva do globo terráqueo, que, ali, não se achata nos polos, mas alonga-se, ovoidemente, para o infinito, numa ânsia de eternidade. Não tem olhos, como os senhores podem ver.

— É mesmo...

— Os olhos só servem para contemplar o mundo. E essa cabeça está apenas em comunicação metafísica com a sobrenaturalidade das coisas materiais. Não tem olhos, nem orelhas. Não ouve, nem vê. Fechada completamente para o mundo. E com os lábios fortemente cerrados, simbologia do silêncio. É a cabeça que pensa. A cabeça do sábio. Do artista. Liberta das contingências materiais da vida e alongando-se ascendentemente para o infinito, numa sede de luz, de desmaterialização, de divindade!

— Ah! E... e esse rabinho ali atrás, no pescoço?

— Ah! Meus amigos! Esse rabinho é só para atrapalhar.

OS LITERATOS

Folha da Noite,
22 de julho de 1933

A vida do literato, no Brasil, ainda é uma coisa incompreensível, porque ninguém terá a ingenuidade de supor que exista alguém, nestas plagas cabralinas, capaz de viver à custa da sua literatura.

O escritor e, principalmente, o poeta são, antes de tudo, excelentes funcionários públicos, corretores na praça, vendedores de rádio e, muitas vezes, advogados ou engenheiros. A literatura ainda é uma espécie de passatempo que o indivíduo exerce para provar, publicamente, que ele não é analfabeto.

Neste país, que já foi classificado como o paraíso dos poetas, a população se divide em duas grandes classes: a dos analfabetos e a dos escritores. Ou o sujeito não sabe ler ou, quando o sabe, se põe logo a escrever. Não há o meio-termo. Nós vamos do analfabetismo mais desesperado à sabedoria mais delirante. Foi isso que levou alguém a dizer, certa vez, que, se na Grécia havia sete homens que eram sábios, no Brasil há sete que não o são.

Sendo assim, é natural que o literato não encontre quem lhe compre os livros que escreve. Estes, em via de regra, são distribuídos entre amigos e jornais, sendo que apenas 1% é vendido a alguns sujeitos positivamente malucos.

Alguns literatos mais inteligentes, compreendendo perfeitamente a situação de um país desse gênero e querendo servir apenas aqueles sete cidadãos que não são sábios, escrevem aterrorizantes romancinhos em folhetins ou poesias para serem cantadas com as músicas em voga, os quais, romances e versinhos, são vendidos heroicamente por garotos, à razão de duzentos réis o exemplar. Para isso, comentam-se os acontecimentos do dia, um assassínio, um desastre, um acidente:

O crime da rua Pirajuri
(Para ser cantado com a música do "Ai! Milonga!")
Realizou-se um crime ontem.
Muito horrível!
O homem esfaqueou a mulher
Que o traíra, ingrata,
Esquecendo os seus deveres
De esposa amantíssima.
Mas, porém, um grilo herói
Que passava pela rua
Prendeu o cruel perverso
Que tinha uma gazua...

E por aí além. São versos modernos, livres de preconceitos e que se vendem às toneladas. Fora disso, não vale a pena ser literato no Brasil.

O caso de Celso Vieira [de Matos Melo Pereira] é típico. O autor de *Endimião* foi eleito, anteontem, para uma vaga na Academia Brasileira [de Letras]. Foi uma justa consagração aos seus méritos de escritor.

Pois um jornal do Rio, o *Carioca*, noticiando o caso, terminou a informação com estas linhas:

"São mais cem mil-réis por semana que o brilhante polígrafo acrescenta aos seus rendimentos de funcionário público cumpridor de seus deveres".

E durma-se com um barulho desses...

5

LUXO AOS DOMINGOS

Um Belmonte diferente aparecia aos domingos na *Folha da Manhã*. Cabia a ele fazer todas as ilustrações da capa e das páginas internas do "Suplemento *Folha da Manhã*", dedicado a artigos mais longos e literários, crônicas, críticas, notas sociais e à programação de rádio, cinema e teatro. No caderno dominical, Belmonte apresentava-se como ilustrador sofisticado, finalizando os trabalhos muitas vezes com pincel e bico de pena, técnicas que aprendeu de forma autodidata.

Os desenhos demonstram quanto seu talento era diversificado, ao contrário do que afirmariam nas décadas seguintes alguns especialistas em humor gráfico. As ilustrações exigiam de Belmonte um trabalho meticuloso, que ele realizava com lápis azul, caneta, pincel e nanquim, como se pode ver nas centenas de originais preservados no arquivo da *Folha de S.Paulo*. Na finalização, fazia um impecável pontilhamento manual, uma vez que não existia ainda a retícula adesiva (folha de plástico transparente com pontos uniformes e em linha reta usada para dar acabamento aos desenhos nas partes escuras). Por último, dava retoques com guache branco para retirar os excessos do desenho ou aplicar correções. Também se esmerava no sombreamento e nos figurinos de época, além de zelar para que a representação dos cortes de cabelo correspondesse ao tempo histórico da cena retratada.

Muitos desses desenhos, que o diário chamava de "ilustrações históricas", eram criados por Belmonte num formato um pouco maior do que o jornal (alguns chegavam a medir 58 cm x 42 cm). Retratavam cenas do passado ou personagens famosos. Não traziam qualquer traço do humor que tornou o artista conhecido.

Primeira edição da *Folha da Manhã*, de 1º de julho de 1925, traz charge de Belmonte sobre o novo jornal. A legenda diz: "Coro dos sonolentos — Oh! Senhores! Agora o barulho é pela manhã também?!!".

Folha da Manhã

PROPRIEDADE DA EMPRESA "FOLHA DA NOITE", LIMITADA

Anno I | S. PAULO — Quarta-feira, 1 de Julho de 1925 | N. 1

DIPLOMACIA DE FACHADA

De Portugal

O enterro de João Lage

A revolta dos kurdos

Em memoria

Navegação aerea

Movimento de immigrantes

Côro dos somnolentos — Oh! senhores! Agora o barulho é pela manhã tambem ? ! !

Várias vezes davam a impressão de que modelos haviam posado apenas para a elaboração das imagens. Alguns desses desenhos nasceram da imaginação de Belmonte, mas outros parecem ter sido baseados em fotografias. Além das ilustrações adultas, o desenhista também criou para o suplemento a história em quadrinhos infantil "Bastinho e Bastião", protagonizada por dois meninos, um deles negro.

O "Suplemento *Folha da Manhã*" foi lançado em 27 de novembro de 1932. Um dia antes, a primeira página do jornal anunciava a boa-nova: "O grande acontecimento de amanhã [...], todos os assuntos, todos os interesses [...]. Lê-lo será um enorme prazer mental". O suplemento, cujo último número circulou em 14 de março de 1943, não teve vida longa, talvez devido a alguma medida de contenção econômica ou à falta de papel para impressão, em razão da guerra mundial, que estava no auge.

A *Folha da Manhã* costumava ter quatro cadernos aos domingos. O suplemento vinha em seguida ao primeiro caderno e tinha quase sempre oito páginas. Tratava de temas bastante variados: episódios históricos famosos, conquistas da ciência, relatos sobre terras exóticas, a biografia de heróis e artistas, personagens da literatura, tendências da moda etc. Frequentemente publicava poemas, contos e crônicas de autores renomados no país e no exterior, além de artigos sobre saúde, educação e outros assuntos. Nos primeiros tempos do caderno, a seção "Vida Agrícola" ocupava toda a última página.

A capa da primeira edição do "Suplemento *Folha da Manhã*" trouxe artigos sobre "Beau" Brummel, o famoso dândi britânico, a história dos chafarizes de São Paulo e a arquitetura moderna – todos, exceto o último, com ilustrações de Belmonte. Na edição seguinte, de 4 de dezembro de 1932, o destaque foi o conto "Covarde", do escritor francês Catulle Mendès. Em 18 de dezembro, Belmonte fez sua estreia na capa como escritor, com a ficção histórica "O Chalaça: crônica do Primeiro Império".

A partir de 1936, o artista escreveu para o caderno uma série de ensaios sobre a história do estado de São Paulo que depois serviria de base para seu livro mais famoso, *No tempo dos bandeirantes*, lançado em 1939. Era uma pesquisa de fôlego que impressionou os leitores pela riqueza e novidade das informações, uma vez que Belmonte buscou obsessivamente fontes primárias para seu estudo.

Nas páginas do suplemento, ficaram famosas as concepções visuais que ele deu a personagens imortais da literatura, como Dom Quixote, de Cervantes; o Primo Basílio, de Eça de Queirós; Mefistófeles, de Goethe; Madame Bovary, de Flaubert; Iracema, de José de Alencar; Quincas Borba, de Machado de Assis; e Jeca Tatu, de Monteiro Lobato – material que era reproduzido na revista *Vamos Ler!*.

Chamava a atenção o modo como desenhava as mulheres: estilizadas, com figurinos meticulosamente construídos, e todas elas, sempre, de uma beleza deslumbrante que remetia às *pin-ups* da época. Belmonte gostava de retratar mulheres voluptuosas, com olhos e lábios grandes.

CHARGES A ÓLEO

No caderno dominical da *Folha da Manhã*, ele também apresentou aos leitores as igrejas coloniais de Minas Gerais e da Bahia, os tipos brasileiros de norte a sul do país, as paisagens da Amazônia e a visão das cidades mortas do imenso interior brasileiro – tudo isso em ilustrações a óleo, aquarela, guache ou bico de pena, sua maior especialidade.

Essa coleção de desenhos exuberantes fez parte de uma exposição entre 31 de outubro e 15 de novembro de 1944, na Galeria Nigri, que ficava junto ao Cine Metro, na rua Timbiras, no centro de São Paulo. Entre os destaques, algumas *pin-ups* que ilustraram a revista *O Cruzeiro*, nos primórdios da publicação, cenas do Brasil colonial, bandeirantes sisudos e valentes, além de gravuras com personagens da literatura.

O artista incluiu também algumas charges e caricaturas publicadas na *Folha da Noite* durante a guerra, desenhos a aquarela, outros a guache, e algumas charges e quadros a óleo. As charges a óleo foram um projeto de Belmonte de levar o humor às galerias e dar a ele tratamento de obra de arte. Mas a ideia não vingou. O público não se entusiasmou com os sete desenhos feitos para a mostra, com Hitler, Mussolini, Roosevelt, Stálin e outros personagens da Segunda Guerra Mundial.

Das quase seiscentas capas publicadas pelo "Suplemento *Folha da Manhã*", apenas pouco mais de três dezenas não foram feitas por Belmonte. Apesar disso, ainda é uma passagem pouco conhecida e valorizada de sua vida o trabalho realizado nesse caderno dominical, uma das iniciativas mais modernas e sofisticadas da imprensa brasileira na primeira metade do século XX.

FOLHA da MANHÃ **SUPPLEMENTO** FOLHA da MANHÃ

III SECÇÃO — S. Paulo—Domingo, 2 de Janeiro de 1938 — VIII PAGINAS

D. Quixote

Tempo fecundo aquelle em feitos bravos.
Triste Figura, a flor dos cava'leiros,
Peregrinava a desfazer agravos
Com Sancho, o mais leal dos escudeiros.

Do virginal decóro das virtudes
Paladino, elle ás vezes, num momento,
Sósinho supplantava, a gôlpes rudes,
Os moinhos ciclopicos de... vento.

Na sombria armadura legendaria
Pulava um coração adamantino:
Com ella conquistou a Barataria
E o capacete do feroz Membrino;

Se ao puro bem vencia o mal infando,
Era vel-o, na rapida carreira,
Fantastico, sublime, galopando
Nas estradas em nuvens de poeira.

Sublime e louco heroismo! Que loucura
E' todo o sentimento que transborda:
O craneo, que adormece em noite escura,
Não raro cede ao coração que acorda!

Almas ás vezes bem equilibradas
Deixam, por ser seu sentimento pouco,
— O direito á mercê das gargalhadas.
— A Justiça num cerebro de louco!

Conseguiste o brazão maravilhoso
Com que os heroes os seculos aclamam:
Foste um burlesco, um doudo, um generoso;
Ri-se o mundo de ti, mas todos te amam!

AUGUSTO DE LIMA

BELMONTE

2.1.1938

Dom Quixote, um dos personagens preferidos de Belmonte, foi tema da capa do dominical "Suplemento *Folha da Manhã*".

FOLHA da MANHÃ **SUPPLEMENTO** **FOLHA da MANHÃ**

III SECÇÃO — S. Paulo—Domingo, 16 de Janeiro de 1938 — VIII PAGINAS

S. Paulo novecentista

O cinema está pondo na moda o novecentismo. Estamos em plena "nineties season". Mae West deu inicio á resurreição e, depois della, surgiram as imitações.

Não nos cabe indagar se esse "saudosismo" é apenas saudade de um tempo que os cincoentões qualificam de "bom tempo aquelle"... Porque a verdade é que o que lá se passou é, sempre, muito melhor do que aquillo que ahi está. Melhor, talvez, do que aquillo que virá. Os annos passam e nunca se parecem porque, sem excepção, os que vêm, são peores dos que se foram.

*

O "novecentismo" não é, rigorosamente, o anno de 1900. Elle abrange as duas décadas que vão de 1890 a 1910.

São Paulo, nessa época, era uma cidade amavel, silenciosa, sem problema de transito nem martyrios de telephones. Como ainda não havia radio, quem dominava como um "Grand Seigneur", era o piano. Valsas langorosas, "shottischs" e mazurkas. A's vezes, polkas. E lá de longe em longe, em lugares suspeitos, o maxixe.

Os homens circumspectos de hoje, os quarentões impenitentes, louvam aquelles tempos bons porque, nem mesmo no Casino ou no Polytheama, os ouvidos do proximo eram martyrizados pelo "fox". O mundo sem "fox"! Que delicia!

Quando muito, uma "cake-walke", que era mais pulado do que dansado. Coisa para inglez ver... porque nem mesmo o inglez gostara disso. O "cake-walk" era, apenas, um baillado de palco, dansado por bailarinas de grandes saias, tufadas de saias brancas. Era a replica "yankee" ao "cancan" francez. Mas o brasileiro não tomava conhecimento disso. Trabalhava de dia, flanava á tarde e, á noite...

A' noite não se sabia aonde ir. Em casa, trocando pernas pelas praças, ouvindo a banda do Antão na sua retreta no Largo do Palacio e, mais tarde, ao theatro Sant'Anna, ao Polytheama, ao Variedades.

Havia tambem, muito timidos, ainda, os cinemas. Lembro-me do "Radium", na rua São Bento e do "Iris", na rua 15, além do "Bijou" na Ladeira São João. Eu era criança e ia a todos elles, á noite, como ia tambem, á noite, assistir o Bertini no "Danilo" da "Viuva Alegre", no Polytheama. Bons tempos esses, em que não havia commissarios de menores para enxotar os pirralhos, ás 22 horas, das innocentes salas de cinema...

*

As mulheres, nesse tempo, eram mulheres mesmo. Mulheres á Mae West, cheias de enxundia e de curvas, usavam saias immensas, chapelões descommunaes e comprimiam-se, heroicamente, em colletes "devant-droit".

Iam á missa, em grupos alacres, ao lado dos esposos ou dos irmãos mais velhos. Estes eram moços mas usavam bigodões lusitanos. As senhoritas pareciam senhoras e os rapazes tinham ares austeros de paes de familia: bigodes retorcidos, encerados a cosmetico, immensos collarinhos duros e, no alto do côco, uma palheta de abinhas estreitissimas ou uma cartolinha preta. Perseguiam as moças na rua, indagando: — a senhorita dá licença que eu a acompanhe? — e, á noite, iam ao Polytheama ou ao Casino deliciar-se ante a plastica rotunda das "chanteuses gommeuses".

Havia tambem o Velódromo, ali na Consolação, onde se começou a praticar cyclismo e onde se acabou jogando futebol — jogo aristocratico, em que os "players" eram filhos de gente rica e que jogavam para uma assistencia de elite... O jogo de varzea ainda não havia porque a varzea era, realmente, varzea, onde ás vezes se atolavam burros que eram tragados pelo marnel.

*

Mas... dirão os jovens: que é que nos temos com isso?

Nada. Mas os quarentões hão de suspirar:

— Bons tempos...

J.N.L.

16.1.1938

"O cinema está pondo na moda o novecentismo", escreve a *Folha da Manhã*, e Belmonte retrata o estilo com minúcias na capa do suplemento.

FOLHA da MANHÃ **SUPPLEMENTO** FOLHA da MANHÃ

III SECÇÃO — S. Paulo—Domingo, 20 de Março de 1938 — VIII PAGINAS

Monteiro Lobato, o amigo das creanças

O notavel trabalho que, na literatura infantil, está realizando o creador de Narizinho arrebitado, da Emilia, a boneca-prodigio, e de tantas outras figurinhas de lenda que enchem a imaginação e a fantasia das crianças brasileiras de hoje

(Para a "Folha da Manhã")

QUINCAS BORBA

Os unicos homens que invejo são os que sabem fazer amigos, arte das mais difficeis e mais raras. Ha nesse terreno, no Brasil, um homem que deve ser feliz: Monteiro Lobato. O escriptor de "Urupês" é hoje, sem duvida, o maior amigo das crianças brasileiras. São amizades que nascem espontaneamente, por causa dos seus livros de historias, e que não têm o vicio de muita amizade de gente grande: o azinhavre do interesse.

Eu, por exemplo, não conheço Monteiro Lobato pessoalmente, e não alcancei os seus livros para crianças. Quando elle publicou "Reinações de Narizinho", eu já era um velho leitor de "Urupês" e de outros livros seus, escriptos para gente grande. Agora, porém, que tenho em casa uma criaturazinha de oito annos, que já leu e releu dez vezes todos os seus livros, não posso deixar de sentir por Monteiro Lobato um pouco da gratidão que se tem pelos escriptores que falam ao nosso espirito.

Como não havia de ser assim, entretanto? Os seus personagens vivem aos trambolhões pela minha casa. São o modelo preferido para as criticas que se fazem as tres meninas que enchem de luz a minha vida:

— Que bobagem, Dora! Você diz as coisas sem pensar! Até parece a Emilia!

— Chi, mamãe! A Ely pensa que é muito sabichona, como si fosse o Visconde de Sabugosa!

— A Vera Helena está tão peralta! Está peor que o Pedrinho...

As discussões, em minha casa, são feitas, assim, com citações de personagens de Monteiro Lobato, que a mais velha [illegible] para as menores, sentadas pacientemente ao seu lado. A's vezes, porém, recusa-se, terminantemente, a attender ao pedido de outras. E' que o livro é novo: quer saboreal-o sósinha, sem ser perturbada. E fica sentada, horas e horas, a ler. Terminado o volume, volta immediatamente á primeira pagina, para uma nova leitura, que repete ainda outras vezes. E não é raro que faça rir com as suas observações. Levanta os olhos do livro, com um riso gostoso nos labios:

— Veja só aqui, papae! Essa Emilia é tão esperta! Imagine o que ella fez com o Pequeno Pollegar...

E conta-me então uma das aventuras da boneca cheia de vida que inventa as maiores travessuras para o pessoal miudo do Sitio do Pica-pau amarello.

Outras vezes, interrompe a leitura, com o dedinho marcando a ultima linha lida:

— Papae, a gente póde mesmo montar num rabo de cometa? Deve ser gostoso andar assim pelo céo, catando estrellinhas...

Já sei o que é. E' a imaginação de Monteiro Lobato, a dar azas á sua imaginação infantil. E não é raro que, quando as crianças se vão deitar, fique eu a ler, encantado, as paginas admiraveis em que Monteiro Lobato deixa escorrer toda a sua fantasia ultramoderna.

AS REINAÇÕES DAS FIGURINHAS ANIMADAS

A sua capacidade de imaginar aventuras para o gosto das crianças teria tornado Monteiro Lobato um nome famoso em todo o mundo, si elle tivesse nascido nos Estados Unidos. Pois se até aqui, no Brasil, sendo brasileiro, elle conseguiu um recorde de edições infantis! Daqui a alguns annos, comtudo, quando os seus livros começarem a ser traduzidos em outras linguas, elle será tão conhecido como os Irmãos Grimm, como Lewis Carroll ou como o creador de Peter Pan, J. M. Barrie. Sel-o-á, porque então os seus maravilhosos personagens se tornarão familiares ás crianças de todo o mundo, através dos clichês coloridos das revistas, ou dos desenhos animados do cinema.

Imagine-se quando os productores norte-americanos descobrirem as figuras encantadoras do sitio de D. Benta, a que os desenhos de Belmonte, illustrando os livros de Monteiro Lobato, dêram fórma! Não sei, aliás, como ainda não aconteceu isso. Monteiro Lobato tem uma dupla personalidade, que raramente se encontra. Além de ser um grande escriptor, é um notavel homem de negocios, que não se abate com as difficuldades que se opponham a qualquer empresa em que se metta. Não me admirarei, pois, si um dia virmos annunciada, num filme de desenhos animados, com toda a collecção dos seus personagens, a historia das "Memorias da Emilia", por exemplo. Para as crianças de hoje, poucos livros haverá, com effeito, tão encantadores. As figurinhas da imaginação de Monteiro Lobato surgem nelle misturadas a outras figuras de renome internacional: o marinheiro Popeye, a Alice do paiz dos Espelhos, o Peter-Pan das crianças estrangeiras, além de Mussolini, Hitler, o presidente Roosevelt, o Negus e o rei da Inglaterra... Tudo isso, num desenho animado, em que tambem se vejam as travessuras da boneca Emilia, de Narizinho e de Pedrinho, e as figuras originaes do burro falante, do muito brasileiro Visconde de Sabugosa, de Quindim, o rhinoceronte domesticado, do innocente anjinho que a Emilia trouxe da viagem ao céo, da pretissima Tia Anastacia, do respeitavel Marquez de Rabicó, rotundo leitão do Sitio do Pica-Pau Amarello, — tudo isso, num desenho animado, seria um successo nunca visto para a criançada do mundo inteiro.

O "D. QUIXOTE"

Ha, na literatura infantil de Monteiro Lobato, igualmente, livros educativos, disfarçados em livros de historias. As crianças pegam-nos para lêr, sem sentir que vão aprender. E, quando os terminam, puderam guardar uma porção de noções que achariam "paus" si não lhes fossem apresentadas por essa fórma. São desse genero a "Geographia de D. Benta", ou "Emilia no paiz da grammatica".

Mas Monteiro Lobato cultiva tambem um outro genero de livros, que reputo notavel, porque cria nas crianças o habito da leitura e a curiosidade pelas grandes obras do pensamento universal. O "D. Quixote para crianças" é um delles. As creações do genio de Cervantes surgem, nas suas paginas, misturadas com as figurinhas familiares ás crianças. Estas vêem, assim, apparecer, sem surpresa, ao lado de Narizinho, de Pedrinho, do Visconde de Sabugosa ou da Emilia, as figuras de D. Quixote e Sancho Pansa. Quem faz uma synthese perfeita do "D. Quixote" é a bondosa Dona Benta, a adoravel avózinha daquelle grupo de figuras de lenda, nos seus serões do "Sitio do Pica-Pau Amarello". Vae resumindo calmamente cada capitulo, os oculos dependurados na ponta do nariz, e procurando despertar a curiosidade dos netos e dos bonecos reunidos á volta da mesa. Surgem então os commentarios, a cada expressão mais difficil, ou a cada costume desconhecido das crianças. Quasi sempre é a Emilia, a boneca prodigio, que faz a pergunta ou diz uma asneirinha, que Pedrinho corrige, ensinando as demais crianças da roda, ou que Dona Benta esclarece. Não raro, vem uma pilhéria do pitoresco "Visconde de Sabugosa", boneco falante feito de sabugo de milho e dado a saber as coisas.

E o "D. Quixote", de Cervantes, é todo contado ás crianças com essa cadencia de bom humor e com esses entremeios de lições disfarçadas [illegible]. Quando a criança chega ao fim do livro, tem uma idéa nitida da obra do immortal Cervantes e um grande desejo de ler o original, o que, aliás, é um perigo. O "D. Quixote", no original, tem paginas e, sobretudo, exclamações de Sancho que não são lá muito proprias para as crianças. Mas a curiosidade fica. Um dia, essas crianças que leram o "D. Quixote" de Monteiro Lobato lerão tambem o de Cervantes. E o lerão mesmo. Porque a curiosidade que lhes provoca essa primeira leitura infantil é profunda. Eu o sei, porque pelo menos uma vez em cada semana, recebo as tres meninas em commissão, depois do jantar:

— Papae, — diz a mais velha, como interprete do grupo — você nos mostra hoje as figuras do "D. Quixote"?

Faço descer das estantes os dois enormes volumes illustrados por Gustavo Doré. E as tres crianças ficam a acompanhar, com interesse, as vicissitudes do infeliz fidalgo da triste figura.

— Este desenho tambem está no meu livro! — exclama a mais velha, com orgulho, quando depara uma das maravilhosas gravuras de Doré, reproduzidas no livro de Monteiro Lobato.

As outras querem ver. E riem. E commentam. E divertem-se. No entanto, não estão vendo um livro de crianças. Estão tendo a sua curiosidade despertada para um grande livro da literatura universal. Lel-o-ão um dia, com certeza, tão profunda é a impressão que lhes provocam as figuras exoticas de D. Quixote e de Sancho Pansa.

Milagres de Monteiro Lobato!

Póde um pae deixar de estimal-o como a um amigo, quando elle assim o está ajudando a dar aos filhos o amor á leitura e rasgando-lhes a imaginação e a intelligencia?

E é por esse modo que Monteiro Lobato vae fazendo amigos entre a gente meuda e a gente grande...

20.3.1938

Belmonte deixou Monteiro Lobato maravilhado quando publicou sua versão para os personagens do Sítio do Picapau Amarelo.

FOLHA da MANHÃ **SUPLEMENTO** FOLHA da MANHÃ

II SECÇÃO — S. Paulo—Quinta-feira, 25 de Janeiro de 1940 — N. 4.872

S. PAULO e o BRASIL

Texto e desenho de BELMONTE

PRIMEIRO, é a luta do Homem contra o Sertão — o cyclo heroico do bandeirismo. Os "gigantes de botas", em avalanches que se despenham do planalto de Piratininga, investem para o Sul, para o Oeste, para o Norte. Uns, descem por Sorocaba, pelos campos geraes, através a trilha dos Tupininguins, e já vão enfrentar o castelhano e o guarany, nos seus reductos do Guairá, do Tape, do Paraguay. Outros galgam a Mantiqueira, alcançam Minas Geraes, avançam combatendo e vão surgir na Bahia, no Piauhy, em Pernambuco e no Maranhão. Outros, ainda, rumam pelo Tieté e pelo Paraná, pelo Tapajós e o Madeira e repontam, após mezes de lutas, em plena bacia amazonica. Muitos enfrentam os serranos e vão surgir no Perú. Não poucos investem contra hespanhóes, Charruas, Tapes e Minuanos e vão parar no vice-reino do Prata.

Fernão Dias corta, de extremo a extremo, o territorio uruguayo. Antonio Domingues conquista as aldeias de Maracajú. André Fernandes tala as terras do Prata. Raposo Tavares e Manuel Preto devastam o Guairá. Braz de Arão varre a bacia do Prata. Pedroso de Barros conquista as aldeias do Rio Grande. Francisco Pedroso Xavier derrota Andino, ex-governador do Paraguay e arraza Villa Rica. Diogo Coutinho de Mello arraza, com Raposo, as provincias de Uruguay e do Tape.

Outros, em bandeiras maritimas, infletem do litoral. Brito Peixoto funda Laguna, apossa-se do litoral catharinense e desce para o Rio Grande. O seu filho Francisco liga Laguna ao Rio Grande, a Maldonado, a Sacramento e a Montevidéo. O seu genro João de Magalhães estabelece as primeiras estancias de gado no Rio Grande. Manuel Dias da Silva neto do bandeirante de igual nome, occupa o sertão de Vaccaria, onde levanta um padrão com esta phrase: "Viva o muito poderoso rei de Portugal D. João V, senhor dos dominios deste sertão de Vaccaria".

Em menos de cincoenta annos, os paulistas expulsam os castelhanos do sul. Villas, aldeias, arraiaes, reducções, fortes e fortins castelhanos desapparecem, varridos pela onda bandeirante.

"No sul — escreve Oliveira Vianna — *os feitos dos paulistas enchem de assombro as imaginações mais frias e positivas*".

* * *

E, por onde passam as legiões bandeirantes, surgem povoados, levantam-se arraiaes. Em Matto Grosso, Paschoal Moreira funda *Cuyabá*, os irmãos Paes de Barros fundam *S. Francisco Xavier* e a villa da *Santissima Trindade*. José Paes Falcão ergue o arraial de *S. José*, Rodrigues Thomaz levanta *Trahyras, S. José do Tocantins, Cachoeira, Sta. Rita, Agua Quente*. José de Almeida faz surgir *Santa Isabel*. Manuel Peres Calhamares funda o arraial da *Anta* e Manuel Dias a aldeia de *Sta. Cruz* — Em Goyaz, Anhanguéra funda *Goyaz, Sant'Anna, Ferreiros, Barra e Ouro Fino* — Na Bahia, João Amaro Maciel Parente funda a villa de *João Amaro*; em Sta. Catharina Brito Peixoto funda *Laguna*. Francisco Dias Velha funda *Desterro e Cachoeira*. Em Minas Geraes surgem, erguidas pelos bandeirantes paulistas, as villas de *Ouro Preto, Mariana, Sabará, Caeté, Pitanguy, S. José, Paracatu', Diamantina, Arassuhy, Montes Cla-*

(Conclue na pagina seguinte)

BELMONTE

25.1.1940

Pesquisador da história de São Paulo, Belmonte assina o texto e as ilustrações da capa do suplemento dedicado aos bandeirantes.

FOLHA da MANHÃ **SUPPLEMENTO** FOLHA da MANHÃ

III SECÇÃO | S. Paulo — Domingo, 5 de Maio de 1940 | VIII PAGINAS

MADAME BOVARY

Quando Flaubert escreveu a "Tentação de Santo Antonio", reuniu dois amigos seus em sua residencia de Croisset, antes de lançar o livro, para ouvir delles o julgamento da obra.

Esses dois amigos eram dois grandes intellectuaes: Du Camp e Bouillet, que ouviram a leitura com a maior attenção. E depois, com a franqueza meio rude que o caracterizava, Bouillet expelliu estas palavras brutaes:

— A nossa opinião é que você deve queimar isso e nunca mais falar em tal cousa!

Flaubert, de olhos escanullados e labios tremulos, repelliu o "conselho" com indignação. Mas Bouillet, muito fleugmatico, indagou:

— Por que você não escreve a historia de Delamare?

O romancista, taciturno, ainda maguado com o amigo, não respondeu. Mas, intimamente, talvez desejando compensar a sua vaidade ferida, com uma acção de valor, formulou o proposito de acceitar o alvitre e escrever um romance moldado nos termos daquillo que Maupassant, mais tarde, chamaria de "l'humble verité".

Quem éra, porém, esse Delamare cuja vida seria uma historia digna de um romance? Valeria mesmo a pena um escriptor inspirar-se na existencia desse homem para produzir um livro? E, escripto esse livro, seria elle capaz de interessar o publico, pelos seus lances, sua originalidade e sua intensidade?

Parece que Bouillet tinha razão, pois Flaubert conhecia Delamare e a sua historia sombria...

*

Delamare era um medico de Ry. Medico de provincia, como se vê, de humilde cidade provinciana. Homem feito, casa-se com Delphine Couturier, joven de educação muito elevada para o meio em que vivia, com idéas estravagantes, com a cabeça transtornada por um romantismo absurdo e perigoso e, principalmente, com uma concepção muito propria e muito errada da moral. Isso, que já é muito, que é quasi tudo, se juntou á desolante vulgaridade do marido. Vulgaridade e aborrecimento. Dahi, o inevitavel, naquella aldeia triste, onde só havia um homem de espirito: um certo Campion.

Este Campion tinha espirito mas não tinha escrupulos. Delphine amou-o. Foram amantes por algum tempo. Mas, depois, inexplicavelmente, Campion, que morava num castello proximo a Ry, suicidou-se.

Veio, então, o segundo galan. Este era escrevente de um tabellião e ambos se amavam loucamente; Delphine levou, então, uma existencia cheia de encantamento, mas, imperceptivelmente, marchava para um scenario sombrio, onde seu sonho iria envolver-se em nuvens sinistras. Ella, para manter o luxo em que começava a viver (e mantinha esse luxo para manter o amante) arruina o marido, depois de arruinar a si propria. Só encontra, ahi, uma solução: no dia 8 de março de 1848 suicida-se.

Delamare, consumido de saudade, morre pouco depois. E encerra-se, assim, a vida sombria de ambos.

*

Quando Flaubert publicou "Madame Bovary", na "Revue de Paris", em 1856, causou profunda sensação o caracter realista do livro. O romance foi considerado offensivo á moral publica e á moral religiosa, motivando um dos processos mais ruidosos que já abalaram a literatura franceza e levando o seu autor á barra do Tribunal Correccional de Paris.

E' preciso, porém, lêr-se a admiravel defesa feita pelo dr. Senard, e a luminosa sentença proferida pelo Tribunal, absolvendo Flaubert, para saber-se de que fórma a palavra Moral é deturpada por Catões de fancaria.

Com o tempo, soube-se, então, que "Madame Bovary" não é uma simples obra de ficção. Flaubert tomara o conselho de Bouillet e aproveitara a historia dolorosa de Delamare. Se bem que a sua imaginação creadora tenha contribuido muito para um mais forte colorido, quem o conhece conclue que elle seguiu a realidade de perto. Emma Rouault nada mais é, pois, do que Delphina Couturier. Pelo menos autorizam essa crença as impressionantes coincidencias entre a vida que uma teve no palco da realidade e a vida que a outra levou na trama de romance. Campion, primeiro amante de Delphine, seria, pois, Rodolpho, assim como a segunda conquista, personificada no empregado de um notario, fôra representada por Leon. O castello de Campion, tambem distante dois kilometros de Ry, nada mais era do que o de Vaubyessard, onde Madame Bovary ia procurar os braços robustos de Rodolpho.

Não param ahi, porém, os pontos de contacto. Delphine Couturier e Emma Roualt suicidaram-se. E ambas com veneno. O caracter de Delamare é o mesmo daquelle pobre Bovary, pintado com tanta impiedade e tanta profundeza, que merecia Flaubert ser tido como anatomista da alma, se Saint-Beuve assim já não o classificára. Completando essa identidade crystallina, vem ainda a morte de ambos, depois que perderam as suas mulheres, afogados os dois na tristeza de uma saudade e de uma paixão que não sentiram quando as esposas repartiam o leito adultero com os amantes.

A memoria de Delphine Couturier, pois, vive hoje irremissivelmente ligada á da heroina que Flaubert deu vida com tanta vibração, esperdiçando os seus recursos de romantico e naturalista, em pincelladas inimitaveis de côr, harmonia e concisão, no seu estylo maravilhoso onde, a cada passo, resalta a preoccupação tão sua de ser perfeito, e, sobretudo, veridico.

5.5.1940

O ilustrador aproveitava o generoso espaço do suplemento para retratar importantes personagens da literatura, como Madame Bovary.

FOLHA da MANHÃ SUPLEMENTO FOLHA da MANHÃ

II SEÇÃO — S. Paulo—Domingo, 15 de Março de 1942 — VIII PÁGINAS

A YARA

LENDA AMAZÔNICA, VERSÃO DE MANAUS

AFONSO ARINOS

Jaguararí, o filho do tuxaua dos manaus, era belo como as frescas manhãs de sol nas águas do Grande Rio. Tinha a força e a destreza do puma aurí-negro que domina a mataria brava, mas muito o excedia na audácia em perseguir a caça e afrontar o inimigo.

Quando ele vogava na sua igara, deslizando sobre as águas silenciosas, que a proa, como a asa de um pássaro, apenas frisava, as garças ariscas, por vê-lo, não fugiam da beira do rio, e os jacamins mesureiros vinham saudá-lo roçando os peitos no chão.

Nas grandes festas com que as tabas dos manaus, reunidas ao rufar do trocano, celebravam a admissão dos mancebos à fila dos guerreiros, nenhum moço igualou Jaguararí na altivez do porte, nem na agudez da vista, nem na firmeza do braço.

Arremessada do rijo arco a sua flecha certeira cortava a carreira do caitetú ou o pulo do maracajá, e a uamirí da sua zarabatana abatia no vôo o gavião carniceiro.

Os velhos o queriam, amavam-no as moças, admiravam-no os guerreiros e nos seus cantos o nome de Jaguararí soava como o daquele que um dia, decerto bem longe ainda, iria gozar o supremo bem nas Montanhas Azues, a sonhada mansão dos bravos.

Quando ao florescer da frondosa mamaurana, a sua igara passava junto do barranco do rio, embaixo da verde ramagem debruçada sobre a corrente, as brisas folionas sacudiam os galhos e derramavam nos negros cabelos do filho do tuxaua uma chuva de flores.

Nas tardes purpúreas, quantas vezes a sua canoa, ruborescida pelo poente e tauxiada de sombras esguias de árvores marginais, não subia em demanda da ponta do Tarumã, onde se quedava, solitário e silente, até ao meio da noite!

— Que pescaria é esta, filho, que se prolonga com as sombras, à hora em que só Anhangá se deleita em correr as terras e as águas? Não ouviste alguma vez a sua voz temerosa trazida pelo vento gemedor? Meu filho, meu filhinho! Anhangá espalha pelo capim rasteiro e pelas folhas dos arbustos as sementes das dores que matam!

Assim falava a pobre mãe tapúia quando via o filho entrar na habitação paterna a horas mortas, vindo dos lados do rio, e ficar insone, noite a dentro, com as pernas pendentes da rede selvagem, os cotovelos fincados nos joelhos e os olhos fundos e tristes a olharem, a olharem pungentemente para fora, para o rio, para a noite, para o seio negro da escuridão!

Às enternecidas palavras de sua mãe, Jaguararí respondia apenas com um um olhar, o olhar daqueles olhos tristes e fundos, onde se sentiria a crispação de vertigem das profundezas.

— Filho, não foi de muito tempo: faz pouco ainda e a alegria evoaçava à flor de teus olhos como as marrequinhas à tona da lagoa. Por que fugiu? por que foi ela fazer tão longe de ti e de mim o seu ninho?

— Mãe! — murmurava ele apenas, fazendo um vago gesto.

E o seu corpo, que tinha o frescor e a seiva do talo da palmeira, murchava, murchava sempre; o cupim roás picava-lhe o coração.

Ele acompanha ainda o tuxaua nas expedições de caça e o seu braço não treme ao rugido do cangussú. Mas, ao cair da tarde, evita os jovens guerreiros que armam laços para prenderem as aves silvestres e foge dos grupos que vagueiam pelas coroas do rio atirando redes de pesca.

Sozinho, salta na leve igara e voa até a ponta do Tarumã, onde os companheiros o veem de longe, com os olhos fitos no espelho das águas, solitário e tristonho como o meditativo maguarí.

Um dia, cheia de apreensões funestas, sua mãe exclamou:

— Filho, os juruparís perversos envenenaram o ar que respiras. Acauã vem agora cantar à nossa porta. Teu pai quer fazer longe daquí nova taba para nossa gente. Só assim a ave da alegria voltará a esvoaçar em teus olhos...

Depois de profundo silêncio, Jaguararí suspirou:

— Mãe, eu a ví!... Eu a ví, mãe, boiando em flor como os nenúfares nas águas do igarapé. E' linda como a Lua nas noites mais claras. Eu a ví! Mãe! Seus cabelos teem a cor das flores do pau d'arco e o brilho do sol; suas faces tiraram o rosado das penas da colheira e das flores da sapucaia. Os passarinhos que mais cantam não cantam como ela. Mãe, ela é formosa como nenhum homem das tabas do Grande Rio jamais viu nem verá. Ela cantava e à sua voz a própria cachoeira do Tarumã cessou de roncar e parou, de certo por ouví-la. Ela olhou para mim, ó mãe, e estendeu-me os braços. Depois, repartiram-se as águas e ela desceu para sua casa, que foi esquecida lá no fundo pelo céu, num tempo muito longe, quando o céu se extendia como embaixo de nós a campina matizada de flores, antes de subir e de arquear sobre as nossas cabeças a sua concha estrelada. Mas, eu quero vê-la mais: eu quero ouvir ainda o seu canto!

A tapúia horrorizada clamou:

— Foge, foge daquele lugar maldito! Nunca mais a tua igara demande a porta do Tarumã. Foge meu filho! Tu viste a "Yara"! O seu canto é a agonia! Foge Jaguararí! E' a "Yara"! [illegible] dentro de seus olhos [illegible] te espia a Morte.

E em soluços a velha tapúia atirou-se por terra.

No dia seguinte, à hora em que os tucazes aos casais passam alto, fendendo os ares em demanda do pouso da noite, a igara de Jaguararí deslisava célere nas águas do Rio Negro.

Os mancebos manaus que o viram passar disseram:

— Lá vai Jaguararí pescar tucunaré.

Mas, súbito, de um grupo de mulheres que levavam ânforas de barro à beira do rio, partiu um grito:

— Corre, gente! corre, vem ver!

Acudiram os moços e pararam atônitos, olhando a barra do horizonte incendiado pelo ocaso. A canoa do filho do tuxaua inundada de luz, fendia

(Conclue na VI página)

15.3.1942

O suplemento publica um texto do escritor e jurista Afonso Arinos (1868-1916) sobre Iara, a lenda indígena, representada sensualmente por Belmonte.

VOTO
BELMONTE

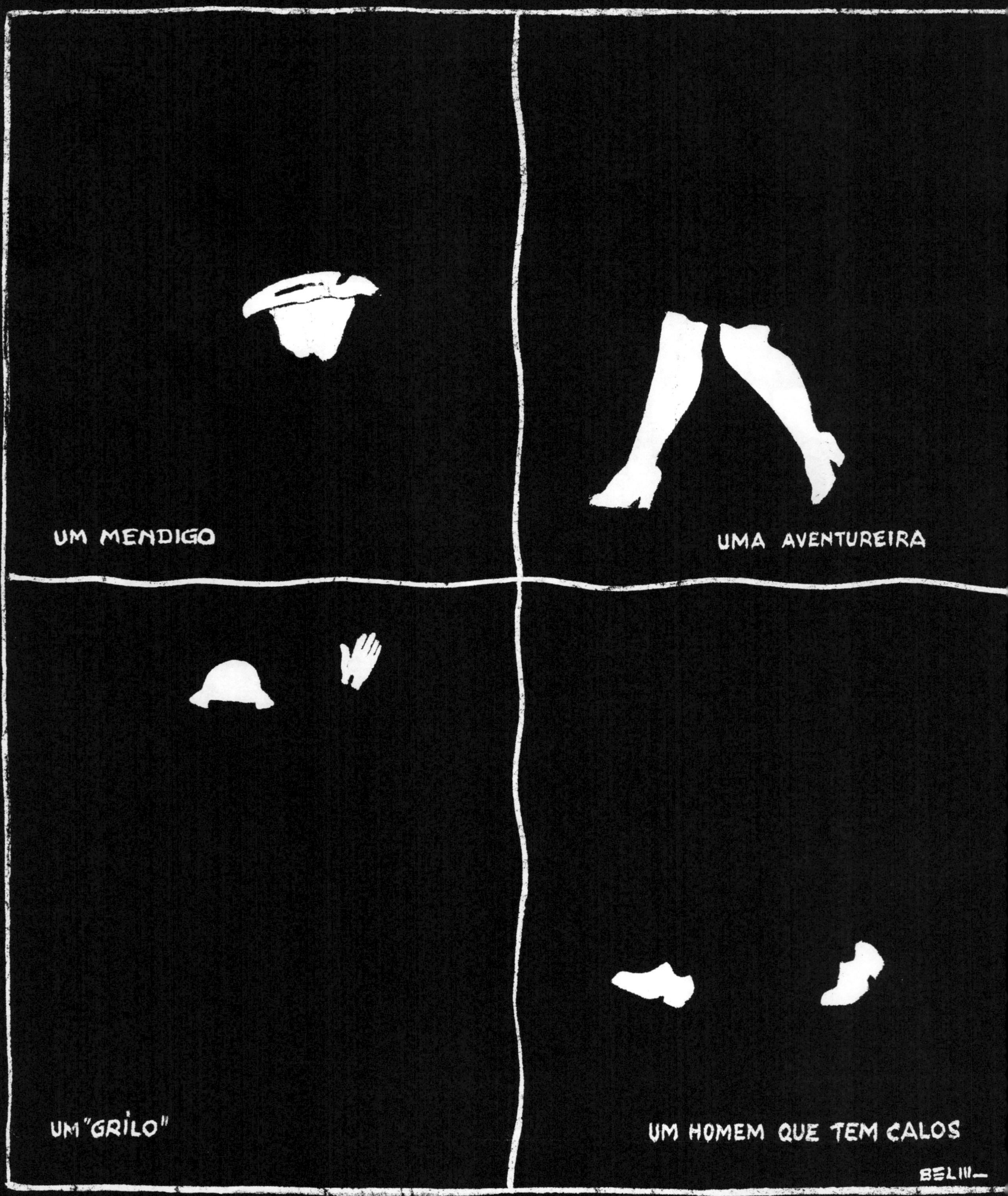
UM MENDIGO
UMA AVENTUREIRA
UM "GRILO"
UM HOMEM QUE TEM CALOS
BELM

6

ORIGINAIS EXEMPLARES

Da produção de Belmonte para as *Folhas* entre 1921 e 1947, restaram no arquivo do jornal *Folha de S.Paulo* exatos 497 desenhos originais de sua autoria, entre charges, caricaturas e ilustrações arte-finalizadas, esboços e rascunhos não acabados. Além do material dos jornais, também foram preservados anúncios diversos feitos por ele e capas de livros.

A coleção é preciosa não apenas pelo valor histórico e material, mas por permitir ainda que se observe melhor o processo de criação e produção de Belmonte, o modo como trabalhava – desde a escolha do papel e de suas medidas até os efeitos que aplicava em cada ilustração, como o uso do lápis com grafite de cor azul, tom que, ao ser fotografado, tornava-se cinza.

As legendas de suas charges eram feitas à mão, com lápis, no rodapé ou nas margens dos desenhos, para depois serem transformadas em tipos gráficos e substituídas na edição final. As roupas dos personagens eram pintadas originalmente com lápis nas cores azul e verde. Impressionam os detalhes da concepção dos figurinos e das expressões faciais, sem marcações a lápis, mas de proporção exata.

Belmonte variava muito na escolha da superfície onde aplicaria seu lápis. Às vezes, utilizava o verso ou as sobras descartadas dos diagramas usados na montagem das páginas. As charges que ocupavam a parte de baixo da primeira página da *Folha da Noite* durante a Segunda Guerra foram criadas em papel sulfite, na medida 31,5 cm x 25 cm, tamanho um pouco menor do que o publicado no jornal.

Entre os originais, há projetos abandonados, só parcialmente finalizados com tinta nanquim, e projetos que foram depois retomados de maneira diferente. Em todos eles, é possível observar o perfeccionismo de Belmonte e sua incansável busca de exatidão, clareza, graça e comunicabilidade com o leitor.

Em original datado de 18 de janeiro de 1946, Belmonte critica o custo de vida no país: "Estou vendo se acho o pão que puseram aqui na mesa...". O azul utilizado no desenho, após ser fotografado em preto e branco, dava um aspecto acinzentado a determinadas partes da charge publicada, como ele pretendia.

— Que é isso, Juca?!
— Estou vendo se acho o pão que puzeram aqui na mesa...

Em original sem data, provavelmente dos anos 1940, Belmonte critica, com a ajuda de Juca Pato, a falta de água em São Paulo.

Os textos que deveriam ser compostos e montados como legenda da charge às vezes eram anotados por Belmonte na margem direita ou esquerda, como neste original de 19 de setembro de 1946, publicado no mesmo dia, em que Juca Pato prega a moderação para um casal de esnobes nas ruas de São Paulo.

Original de charge publicada na *Folha da Noite* em 21 de novembro de 1946. O ilustrador recorre a seu herói para atacar o estado do calçamento de São Paulo.

BIBLIOGRAFIA

LIVROS DE BELMONTE

Angústias do Juca Pato. São Paulo: Casa Editora Rochêa, 1926.

O amor através dos séculos. Rio de Janeiro: Edição da Frou-Frou, 1928.

Assim falou Juca Pato: aspectos divertidos de uma confusão dramática. São Paulo: Companhia Editora Nacional, 1933.

Ideias de João Ninguém. Rio de Janeiro: José Olympio, 1935.

A cidade de ouro. São Paulo: Companhia Editora Nacional, 1939.

No reino da confusão. São Paulo: Edição da Folha da Manhã, 1939.

No tempo dos bandeirantes. São Paulo: Departamento de Cultura da Prefeitura Municipal de São Paulo, 1939.

Música, maestro!. São Paulo: Edição da Folha da Manhã, 1940.

A guerra do Juca. São Paulo: Edição do Autor, 1941.

Caricatura dos tempos. São Paulo: Melhoramentos, 1948.

Nada de novo. São Paulo: Edição Familiar, 1949.

LIVROS CONSULTADOS

CAPELATO, Maria Helena. *Os arautos do liberalismo*. São Paulo: Brasiliense, 1989.

COHEN, Ilka Stern. *Bombas sobre São Paulo: a revolução de 1924*. São Paulo: Editora Unesp, 2007.

DUARTE, Paulo. *Memórias. Volume 1: As raízes profundas*. São Paulo: Hucitec, 1974.

FIGUEIREDO, Cláudio. *As duas vidas de Aparício Torelli: o Barão de Itararé*. Rio de Janeiro: Record, 1987.

JUNIOR, Gonçalo Silva. *A guerra dos gibis*. São Paulo: Companhia das Letras, 2004.

LIMA, Herman. *A história da caricatura no Brasil*. Rio de Janeiro: José Olympio, 1963.

PINTO, Ana Estela de Sousa. *Folha Explica: Folha*. São Paulo: Publifolha, 2012.

SALIBA, Elias Thomé. *Raízes do riso*. São Paulo: Companhia das Letras, 2002.

SILVA, Marcos. *A guerra de Belmonte: humor gráfico e política no Brasil durante a Segunda Guerra Mundial*. São Paulo: Xamã/FFLCH-USP, 1995.

SODRÉ, Nelson Werneck. *A história da imprensa no Brasil*. Rio de Janeiro: Mauad, 1999.

VÁRIOS. *Belmonte presente*. São Paulo: Secretaria da Cultura, Ciência e Tecnologia/Dach/Comissão de Artes Plásticas/Masp, 1978.

VÁRIOS. *Belmonte 100 anos*. São Paulo: Editora Senac, 1996.

TEXTOS DE JORNAIS E REVISTAS

CAGNIN, Luiz Antonio. "Belmonte n'*A Gazetinha*". *Fênix* 1, São Paulo, 1996.

FLORENCE, Amadeu. "Morreu Belmonte!". *Folha da Noite*, São Paulo, 19/4/1947.

VAINER, Nelson. "A arca de jacarandá". *Folha da Noite*, São Paulo, 16/5/1957.

_____. "Didito, um menino tímido e melancólico". *Folha da Noite*, São Paulo, 17/5/1957.

_____. "O elegante Barreto das rodas boêmias". *Folha da Noite*, São Paulo, 20/5/1957.

_____. "Belmonte: vida e obra do criador de Juca Pato". *Folha da Noite*, São Paulo, 21/5/1957.

_____. "Desaparece Barreto e nasce Belmonte". *Folha da Noite*, São Paulo, 22 /5/1957.

_____. "O tremendo fiasco da 'divina' bailarina Tortola Valência". *Folha da Noite*, São Paulo, 23/5/1957.

_____. "Nasce Juca Pato, o boneco que se transformou em símbolo nacional". *Folha da Noite*, São Paulo, 24/5/1957.

_____. "Juca Pato e Juca Mulato travam violenta luta". *Folha da Noite*, São Paulo, 27/5/1957.

_____. "Levantam-se dúvidas quanto à paternidade de Juca Pato". *Folha da Noite*, São Paulo, 28/5/1957.

_____. "Juca Pato faz a plateia delirar num antigo teatro paulistano". *Folha da Noite*, São Paulo, 29/5/1957.

_____. "A amizade com Paulo Setúbal custou a 'vida' do mordaz José Falapouco". *Folha da Noite*, São Paulo, 3/6/1957.

TEXTOS ACADÊMICOS

NOGUEIRA, Andréa de Araújo. *Um Juca na cidade: representatividade do personagem criado por Belmonte na imprensa paulista (*Folha da Manhã, *1925-1927)*. São Paulo, 1999. Dissertação de Mestrado – Instituto de Artes do Planalto, Universidade Estadual Paulista.

SCOVENA, Sandra Maret. "Um combatente do lápis em vigília: as crônicas de Belmonte contra o autoritarismo". *Projeto História*, São Paulo, n. 35, dez. 2007.

_____. "O avesso do avesso do 'Sr. Progresso': rindo das contradições da modernidade". *Projeto História*, São Paulo, n. 36, jun. 2008.

SILVA, Zélia Lopes da. "O traço de Belmonte: desvendando São Paulo e o Brasil (1922-1924)". *Revista ArtCultura*, Uberlândia, v. 9, n. 5, jul./dez. 2007.

SODRÉ, Nelson Werneck. *O que se deve ler para conhecer o Brasil*. Rio de Janeiro: Centro Brasileiro de Pesquisas Educacionais/ Ministério da Educação e Cultura, 1960, n. 72.

VELLOSO, Mônica Pimenta. "A brasilidade verde--amarela: nacionalismo e regionalismo paulista". *Estudos Históricos*, Rio de Janeiro, v. 6, n. 11, 1993.

EDITOR Alcino Leite Neto

EDITORA-ASSISTENTE Rita Palmeira

PRODUÇÃO GRÁFICA Iris Polachini

CAPA E PROJETO GRÁFICO Luciana Facchini

FOTOS Acervo do Banco de Dados Folha

PESQUISA ICONOGRÁFICA Luiz Carlos Ferreira, Clodoaldo Paiva e Jair dos Santos

REPRODUÇÃO FOTOGRÁFICA Eduardo Knapp, Marlene Bergamo e Marcelo Justo | Folhapress

TRATAMENTO DAS IMAGENS Oca – Estúdio de Impressão

PREPARAÇÃO Ana Lima Cecilio

REVISÃO Marcia Menin e Guilherme Magalhães

Dados Internacionais de Catalogação na Publicação (CIP)
(Câmara Brasileira do Livro, SP, Brasil)

Gonçalo Junior
Belmonte : vida e obra de um dos maiores cartunistas brasileiros de todos os tempos / organização e apresentação de Gonçalo Junior. – São Paulo : Três Estrelas, 2017.

ISBN 978-85-68493-21-2
Bibliografia.

1. Belmonte, 1896-1947 2. Cartunistas - Brasil - Biografia 3. Caricaturas e desenhos humorísticos - Brasil I. Título.

15-10229 CDD-741.5092

Índices para catálogo sistemático:
1. Cartunistas : Brasil : Vida e obra 741.5092

Este livro segue as regras do Acordo Ortográfico da Língua Portuguesa (1990), em vigor desde 1º de janeiro de 2009, exceto nas charges aqui reproduzidas, em que se respeitou a grafia da época.

Três Estrelas agradece à gráfica RR Donnelley.

TRÊS ESTRELAS
Al. Barão de Limeira, 401, 6º andar
cep 01202-900, São Paulo, SP
Tel.: (11) 3224-2186/2187/2197
editora3estrelas@editora3estrelas.com.br
www.editora3estrelas.com.br

Este livro foi composto nas fontes Geogrotesque
e Proforma e impresso em março de 2017
pela RR Donnelley, sobre papel offset 90 g/m².